Die Erfindung
der Zeugen Jehovas

Verheißung, Verkündung und Auftrag

Eine Betrachtung

von

Lutz Spilker

DIE ERFINDUNG DER ZEUGEN JEHOVAS
VERHEISSUNG, VERKÜNDUNG UND AUFTRAG

Bibliografische Information der Deutschen Nationalbibliothek:
Die Deutsche Nationalbibliothek verzeichnet diese Publikation in der Deutschen Nationalbibliografie; detaillierte bibliografische Daten sind im Internet über http://dnb.dnb.de abrufbar.

Softcover ISBN: 978-3-384-28638-3
Ebook ISBN: 978-3-384-28639-0

© 2024 by Lutz Spilker
https://www.webbstar.de
Druck und Distribution im Auftrag des Autors:
tredition GmbH, An der Strusbek 10, 22926 Ahrensburg, Germany

Inhalt

Zum besseren Verständnis:
Dieses Buch zielt nicht darauf ab, die Praktiken der ›Zeugen
Jehovas‹ zu hinterfragen, eine klare Position zu beziehen oder
sie zu würdigen.
Stattdessen dient es dem Zweck, unverzichtbare
Informationen bereitzustellen, die ein besseres Verständnis
fördern und maximale Transparenz gewährleisten sollen.

♦ ♦ ♦

Jesaja 43, Vers 10 und 11:
10:
**»Ihr seid meine Zeugen, spricht der Herr, und mein Knecht, den
ich erwählt habe, damit ihr erkennt und mir glaubt und
einseht, daß ich es bin; vor mir ist kein Gott gebildet worden,
und nach mir wird es keinen geben«.**
11:
»Ich, ich bin der Herr, und außer mir gibt es keinen Retter.«

Bibel

Ferner:»Zeugen Jehovas Übersetzungen mit dem Wort ›Jehova« sind falsch.
Die Aussage ›Der Name (Jehova) kommt in der Bibel mehr als 7000 Mal vor‹ entspricht
nicht den Tatsachen. Das Wort ›Jehova‹ ist eine falsche Wiedergabe des hebräischen
Tetragrammes JHWH, das jedoch ›Jahwe‹ ausgesprochen wird.«

Vorwort und Einleitung

Liebe Leserinnen und Leser,

zum besseren Verständnis:

Dieses Buch zielt darauf ab, unvoreingenommene Informationen über die Zeugen Jehovas bereitzustellen, um ein umfassendes Verständnis ihrer Praktiken, Überzeugungen und Geschichte zu ermöglichen. Es strebt nach maximaler Transparenz, ohne dabei eine bestimmte Position einzunehmen oder die Gemeinschaft zu werten.

Die Anfänge der Zeugen Jehovas:

Die Geschichte der Zeugen Jehovas begann im späten 19. Jahrhundert in den Vereinigten Staaten, als Charles Taze Russell eine kleine Bibelstudiengruppe gründete.  Diese Gruppe entwickelte sich schnell zu einer internationalen religiösen Bewegung, die heute Millionen von Anhängern weltweit zählt. Die Gründung des ›Watch Tower Bible and Tract Society‹ im Jahr 1884 markierte einen wichtigen Meilenstein in der Geschichte der Zeugen Jehovas und legte den Grundstein für ihre spätere organisatorische Struktur und globale Verbreitung.

Glaubenslehren und Praktiken:

Die Zeugen Jehovas sind bekannt für ihre wörtliche Interpretation der Bibel und ihre festen Glaubensüberzeugungen. Dazu gehören die Ablehnung von Bluttransfusionen, die Weigerung, militärischen Dienst zu leisten, und die Betonung der Missionstätigkeit. Diese Praktiken und Überzeugungen haben sowohl Bewunderung als auch Kritik hervorgerufen und sind zentrale Themen in der Auseinandersetzung mit dieser Glaubensgemeinschaft.

Gemeinschaft und Identität:

Ein weiteres Merkmal der Zeugen Jehovas ist ihr starkes Gemeinschaftsgefühl und die enge soziale Bindung innerhalb der Gruppe. Dies bietet vielen Mitgliedern ein Gefühl von Sicherheit und Zugehörigkeit, das in einer zunehmend fragmentierten Welt von großer Bedeutung sein kann. Gleichzeitig kann die starke Gruppenkohäsion auch zu Isolation und Abgrenzung von der übrigen Gesellschaft führen.

Zielsetzung dieses Buches:

Das Ziel dieses Buches ist es, einen umfassenden Überblick über die Zeugen Jehovas zu geben, ihre historischen Wurzeln, ihre Glaubenslehren und ihre Rolle in der modernen Gesellschaft zu beleuchten. Dabei soll eine sachliche und respektvolle Darstellung im Vordergrund stehen, die es den Lesern ermöglicht, sich ein eigenes Bild von dieser einzigartigen religiösen Bewegung zu machen.

Mit herzlichen Grüßen,

Lutz Spilker

Historischer Hintergrund

Die religiöse Landschaft im späten 19. Jahrhundert in den USA

Das späte 19. Jahrhundert in den Vereinigten Staaten war eine Zeit tiefgreifender Veränderungen und Umbrüche, sowohl in sozialer als auch in kultureller Hinsicht. Diese Zeitperiode war geprägt von einer Vielzahl neuer Ideen, Bewegungen und Glaubensrichtungen, die die religiöse Landschaft Amerikas nachhaltig prägten. In dieser Ära erlebte das Land eine bemerkenswerte religiöse Dynamik, die zur Entstehung zahlreicher neuer Glaubensgemeinschaften führte, darunter auch die Zeugen Jehovas.

Ein Land im Wandel

Die USA durchliefen im späten 19. Jahrhundert bedeutende Transformationen. Die Industrialisierung erlebte ihren Höhepunkt und führte zu einer rasanten Urbanisierung. Städte wuchsen schnell, und die Bevölkerung wanderte in großer Zahl von ländlichen Gebieten in städtische Zentren. Diese massive Verschiebung hatte tiefgreifende Auswirkungen auf das soziale Gefüge und das tägliche Leben der Menschen.

Mit der Industrialisierung ging auch eine Welle der Einwanderung einher. Millionen von Menschen aus Europa und anderen Teilen der Welt suchten in den USA nach neuen Chancen und einem besseren Leben. Diese kulturelle Vielfalt trug zur Entstehung einer reichen, aber auch komplexen sozialen Struktur bei, die neue Herausforderungen und Spannungen mit sich brachte.

Religiöse Suche und Unzufriedenheit

Inmitten dieser gesellschaftlichen Umbrüche war auch die religiöse Landschaft in Bewegung. Viele Menschen waren auf der Suche nach spiritueller Orientierung und Sicherheit in einer sich schnell verändernden Welt. Die traditionellen Kirchen konnten diese Bedürfnisse oft nicht erfüllen, da sie häufig als zu starr und unflexibel galten, um auf die neuen sozialen Realitäten zu reagieren.

Die religiöse Unzufriedenheit führte dazu, dass viele Menschen neue spirituelle Wege suchten. Es war eine Zeit des Experimentierens und der Suche nach persönlicher Erfüllung und Wahrheit. Dies schuf einen fruchtbaren Boden für das Aufkommen neuer religiöser Bewegungen und Sekten, die versprachen, Antworten auf die drängenden Fragen des Lebens zu bieten.

Das Zweite Große Erwachen

Eine der bedeutendsten religiösen Bewegungen dieser Zeit war das Zweite Große Erwachen, eine protestantische Erweckungsbewegung, die bereits im frühen 19. Jahrhundert begann und bis ins späte 19. Jahrhundert hineinwirkte. Diese Bewegung betonte persönliche Bekehrung, intensive Bibelstudien und die Notwendigkeit eines aktiven christlichen Lebens. Sie legte den Grundstein für viele neue protestantische Denominationen und förderte eine Kultur der religiösen Begeisterung und des Evangelikalismus.

Die Erweckungsbewegungen förderten auch das Wachstum von Laienpredigern und Wanderpredigern, die das Evangelium in abgelegene und neu besiedelte Gebiete brachten. Dies trug zur Verbreitung neuer religiöser Ideen und Praktiken bei und schuf ein Klima, in dem neue religiöse Führer und Bewegungen gedeihen konnten.

Millenarismus und Endzeitprophetien

Ein weiterer wichtiger Aspekt der religiösen Landschaft im späten 19. Jahrhundert war der weit verbreitete Glaube an den bevorstehenden Weltuntergang und die Wiederkunft Christi. Der Millenarismus, die Lehre vom Tausendjährigen Reich, fand in dieser Zeit viele Anhänger. Zahlreiche Prediger und religiöse Führer prophezeiten das nahe Ende der Welt und die Rückkehr Jesu Christi, was bei vielen Menschen Ängste und Hoffnungen weckte.

Diese Endzeitprophetien führten zur Entstehung zahlreicher neuer religiöser Gruppen, die behaupteten, besondere Offenbarungen oder Einsichten in das bevorstehende Ende der Welt zu haben. Diese Bewegungen boten oft detaillierte Zeitpläne und Zeichen an, die angeblich das bevorstehende apokalyptische Ereignis ankündigten. Der Glaube an ein baldiges Ende der Welt bot den Menschen eine Erklärung für die sozialen und wirtschaftlichen Unsicherheiten ihrer Zeit und versprach gleichzeitig eine baldige Errettung und Belohnung für die Gläubigen.

Soziale Reformen und religiöse Innovation

Die zweite Hälfte des 19. Jahrhunderts war auch eine Zeit intensiver sozialer Reformen. Bewegungen wie die Temperenzbewegung, die Frauenrechtsbewegung und die Abolitionistenbewegung prägten die Gesellschaft und wurden oft von religiösen Überzeugungen angetrieben. Viele dieser Reformbewegungen waren eng mit religiösen Gruppen verbunden, die soziale Gerechtigkeit und moralische Erneuerung anstrebten.

In diesem Klima sozialer Reform und religiöser Innovation fanden viele Menschen in neuen religiösen Bewegungen eine Stimme und ein Mittel, um ihre gesellschaftlichen und spirituellen Anliegen auszudrücken. Diese Bewegungen boten nicht nur spirituelle Führung, sondern auch Gemeinschaft und Unterstützung in einer Zeit des raschen Wandels und der Unsicherheit.

Die Geburt neuer religiöser Bewegungen

Es war in diesem dynamischen und oft turbulenten Umfeld, dass viele neue religiöse Bewegungen entstanden, darunter auch die Bibelstudentenbewegung, aus der später die Zeugen Jehovas hervorgingen. Diese Bewegungen boten neue Interpretationen der Bibel, innovative theologische Konzepte und oft auch radikale soziale Visionen, die die bestehenden religiösen und sozialen Normen herausforderten.

Die Gründung der Zeugen Jehovas durch Charles Taze Russell war ein direktes Ergebnis dieses religiösen und sozialen Klimas. Russell und seine Anhänger suchten nach einer tieferen und reineren Form des Christentums, die ihrer Ansicht nach in den etablierten Kirchen verloren gegangen war. Sie waren überzeugt, dass sie die wahre Botschaft der Bibel wiederentdeckten und ein neues Zeitalter der spirituellen Erneuerung einläuten könnten.

Fazit:

Das späte 19. Jahrhundert in den USA war eine Zeit der großen sozialen, kulturellen und religiösen Veränderungen. In diesem Kontext entstand eine Vielzahl neuer religiöser Bewegungen, die auf die Bedürfnisse und Sehnsüchte der Menschen reagierten. Die Zeugen Jehovas sind ein Produkt dieser dynamischen Epoche und spiegeln die vielfältigen Strömungen und Einflüsse wider, die die religiöse Landschaft dieser Zeit prägten. Ihr Aufstieg und ihre Entwicklung können nur im Lichte dieser breiteren historischen und kulturellen Faktoren vollständig verstanden werden.

Die Ursprünge:

Charles Taze Russell und

die Bibelstudentenbewegung

Charles Taze Russell: Der Mann hinter der Bewegung

Charles Taze Russell wurde am 16. Februar 1852 in Pittsburgh, Pennsylvania, geboren. Aufgewachsen in einer presbyterianischen Familie, zeigte er bereits in jungen Jahren ein ausgeprägtes Interesse an religiösen Fragen. Russells frühes Leben war von einem intensiven Streben nach spiritueller Wahrheit geprägt, das ihn schließlich von den traditionellen Kirchen weg und hin zu einer eigenen religiösen Suche führte.

Als Teenager erlebte Russell eine Phase intensiver Zweifel. Er konnte die Vorstellung von einer ewigen Hölle, wie sie von den etablierten Kirchen gelehrt wurde, nicht akzeptieren. Diese Zweifel führten ihn zunächst zu einer Zeit des Agnostizismus, in der er die Existenz Gottes in Frage stellte. Doch seine spirituelle Unruhe trieb ihn weiter an, und er begann, die Bibel und verschiedene religiöse Schriften intensiv zu studieren.

Russells Entschlossenheit, die Wahrheit zu finden, führte ihn zu den Adventisten, einer Gruppe, die sich durch ihre Endzeitprophetien auszeichnete. Besonders die Lehren von Nelson H. Barbour, einem prominenten Adventisten, beeindruckten ihn. Barbours Schriften über die Wiederkunft Christi und die Endzeit fanden in Russell einen aufmerksamen Leser und bald auch einen Kollaborateur.

Die Entstehung der Bibelstudentenbewegung

Im Jahr 1876 traf Russell auf Nelson H. Barbour und begann eine Zusammenarbeit mit ihm. Gemeinsam veröffentlichten sie die Zeitschrift ›Herald of the Morning‹, die sich mit biblischen Prophezeiungen und der bevorstehenden Wiederkunft Christi beschäftigte. Diese Partnerschaft hielt jedoch nicht lange, da Russell und Barbour unterschiedliche Ansichten über die Natur der Wiederkunft Christi entwickelten.

Russell trennte sich von Barbour und begann, seine eigenen theologischen Ansichten zu verbreiten. Im Jahr 1879 gründete er die Zeitschrift ›Zion's Watch Tower and Herald of Christ's Presence‹, die zum zentralen Medium seiner Lehren wurde. Diese Zeitschrift, heute bekannt als ›Der Wachtturm‹, wurde das Sprachrohr der Bibelstudentenbewegung und später der Zeugen Jehovas.

Russells Lehren unterschieden sich in vielerlei Hinsicht von den traditionellen christlichen Dogmen. Er lehnte die Dreieinigkeit ab und betonte die Rückkehr zu den ursprünglichen Lehren der Bibel. Sein Fokus lag auf der nahenden Wiederkunft Christi, die er für das Jahr 1914 voraussagte. Diese Betonung der Endzeitprophetie zog viele Menschen an, die nach Antworten auf die drängenden Fragen ihrer Zeit suchten.

Die Gründung der Watch Tower Bible and Tract Society

Im Jahr 1881 gründete Russell die Watch Tower Bible and Tract Society, die 1884 offiziell als juristische Person eingetragen wurde. Diese Organisation diente als Verlag für die zahlreichen Schriften, Traktate und Bücher, die Russell verfasste. Sie spielte eine zentrale Rolle bei der Verbreitung seiner Lehren und half dabei, die Bibelstudentenbewegung zu einer koordinierten und organisierten Gemeinschaft zu formen.

Russell reiste viel und hielt zahlreiche Vorträge, in denen er seine biblischen Interpretationen und Prophezeiungen darlegte. Seine charismatische Persönlichkeit und seine Fähigkeit, komplexe theologische Konzepte verständlich zu erklären, trugen wesentlich zum Wachstum der Bewegung bei. Unter seiner Führung entstanden zahlreiche Bibelstudiengruppen, die in den Vereinigten Staaten und darüber hinaus aktiv waren.

Konflikte und Kontroversen

Wie bei vielen neuen religiösen Bewegungen blieb auch die Bibelstudentenbewegung nicht von Kontroversen verschont. Russells unorthodoxe Lehren stießen auf erheblichen Widerstand von etablierten Kirchen und theologischen Experten. Kritiker warfen ihm vor, biblische Texte falsch zu interpretieren und seine Anhänger zu manipulieren.

Ein weiterer Streitpunkt war Russells Umgang mit finanziellen Angelegenheiten. Er war in mehrere Rechtsstreitigkeiten verwickelt, darunter auch ein aufsehenerregender Scheidungsprozess, der seine persönliche Integrität in Frage stellte. Trotz dieser Schwierigkeiten gelang es Russell, die Bewegung weiterzuführen und ihre Anhängerschaft zu vergrößern.

Das Erbe von Charles Taze Russell

Charles Taze Russell starb am 31. Oktober 1916, doch sein Einfluss lebt in der von ihm gegründeten Bewegung weiter. Unter seiner Führung legte die Bibelstudentenbewegung den Grundstein für das, was später als Zeugen Jehovas bekannt werden sollte. Sein Erbe ist tief in den Lehren und Praktiken der Zeugen Jehovas verwurzelt, die sich bis heute auf seine Schriften und Interpretationen der Bibel beziehen.

Russells Vision einer reformierten christlichen Gemeinschaft, die sich strikt an die Bibel hält und das baldige Ende der Welt erwartet, fand in den Zeugen Jehovas ihre Fortsetzung. Die von ihm gegründete Watch Tower Bible and Tract Society blieb das zentrale Organ der Bewegung und entwickelte sich zu einer weltweit tätigen Organisation.

Fazit:

Die Geschichte von Charles Taze Russell und der Bibelstudentenbewegung ist ein faszinierendes Kapitel in der Entwicklung neuer religiöser Bewegungen im späten 19. und frühen 20. Jahrhundert. Sie zeigt, wie ein Mann durch seine unermüdliche Suche nach Wahrheit und seine Fähigkeit, Menschen zu inspirieren, eine neue Glaubensgemeinschaft schaffen konnte. Die Grundlagen, die Russell legte, haben die Zeugen Jehovas zu einer der bekanntesten und am weitesten verbreiteten religiösen Bewegungen der Welt gemacht.

Die ersten Jahre: 1870-1890

Frühzeit der Bewegung

Die 1870er Jahre markieren den Beginn einer religiösen Bewegung, die tiefgreifende Auswirkungen auf die spirituelle Landschaft des späten 19. und frühen 20. Jahrhunderts haben sollte. Charles Taze Russell, der junge Gründer der Bibelstudentenbewegung, begann in dieser Zeit seine Suche nach einer tieferen, wahrhaftigeren Form des Christentums. Die Bewegung, die zunächst aus kleinen, informellen Bibelstudiengruppen bestand, entwickelte sich bald zu einer organisierten und weitreichenden religiösen Gemeinschaft.

Russells intensive Beschäftigung mit biblischen Prophezeiungen und sein unermüdlicher Eifer, die vermeintlichen Wahrheiten der Heiligen Schrift zu enthüllen, zogen zahlreiche Anhänger an. Diese frühen Jahre waren geprägt von einer Atmosphäre des Entdeckens und Lernens. Die Mitglieder der Bewegung trafen sich regelmäßig, um die Bibel zu studieren, zu diskutieren und ihre Erkenntnisse zu teilen. Diese Gemeinschaften, oft in Privathäusern oder gemieteten Räumlichkeiten, bildeten das Herzstück der wachsenden Bewegung.

In dieser Phase legte Russell besonderen Wert auf die Interpretation von Endzeitprophezeiungen. Er war überzeugt, dass die Wiederkunft Christi bevorstand und dass es die Aufgabe der Bibelstudenten war, die Menschen darauf vorzubereiten. Diese Überzeugung gab der Bewegung eine Dringlichkeit und einen missionarischen Eifer, der ihre Aktivitäten in den folgenden Jahrzehnten prägen sollte.

Veröffentlichung der ›Zion's Watch Tower‹

Ein entscheidender Schritt in der Konsolidierung und Verbreitung der Bibelstudentenbewegung war die Veröffentlichung der Zeitschrift ›Zion's Watch Tower and Herald of Christ's Presence‹ im Jahr 1879. Diese Publikation, die später als ›Der Wachtturm‹ bekannt wurde, diente als zentrales Kommunikationsmittel und Theologieorgan der Bewegung. Sie ermöglichte es Russell, seine Lehren systematisch darzulegen und eine breite Leserschaft zu erreichen.

Die ersten Ausgaben der ›Zion's Watch Tower‹ waren geprägt von Russells Auslegungen der Bibel und seinen Kommentaren zu aktuellen religiösen und sozialen Fragen. Er nutzte die Zeitschrift, um seine Überzeugungen über die bevorstehende Wiederkunft Christi und die Bedeutung der biblischen Prophetie zu verbreiten. Die Artikel waren sorgfältig recherchiert und oft mit ausführlichen Bibelzitaten und -analysen versehen.

Die Reaktionen auf die ›Zion's Watch Tower‹ waren gemischt. Während viele Leser von Russells klaren und überzeugenden Argumenten beeindruckt waren, stieß die Zeitschrift auch auf heftige Kritik von etablierten religiösen Führern. Diese Kritiker warfen Russell vor, die Bibel falsch zu interpretieren und seine Anhänger zu irreführen. Trotz dieser Widerstände wuchs die Leserschaft stetig, und die Zeitschrift wurde zu einem wichtigen Instrument für die Verbreitung und Festigung der Bewegung.

Wachstum und Konsolidierung

In den 1880er Jahren erlebte die Bibelstudentenbewegung ein bemerkenswertes Wachstum. Die Zahl der Anhänger stieg kontinuierlich an, und es entstanden immer mehr Bibelstudiengruppen in verschiedenen Teilen der Vereinigten Staaten. Russell unternahm zahlreiche Reisen, um Vorträge zu halten und die Bewegung zu fördern. Diese persönlichen Auftritte verstärkten seine Glaubwürdigkeit und halfen, neue Anhänger zu gewinnen.

Ein wichtiger Aspekt dieses Wachstums war die Gründung der Watch Tower Bible and Tract Society im Jahr 1881. Diese Organisation, die 1884 offiziell eingetragen wurde, diente als Verlag für die zahlreichen Schriften, Traktate und Bücher, die Russell verfasste. Die Gesellschaft spielte eine zentrale Rolle bei der Verbreitung der Lehren der Bibelstudentenbewegung und trug wesentlich zu ihrer Konsolidierung bei.

Die Struktur der Bewegung begann sich in dieser Zeit zu formalisieren. Es wurden regelmäßige Treffen und Konferenzen abgehalten, bei denen die Mitglieder ihre Erkenntnisse austauschen und ihre Aktivitäten koordinieren konnten. Diese Treffen boten auch Gelegenheit, die Gemeinschaft zu stärken und neue Mitglieder zu integrieren. Die Watch Tower Bible and Tract Society übernahm die organisatorische Führung und sorgte für die Produktion und Verteilung der theologischen Literatur.

Herausforderungen und Kontroversen

Trotz des Wachstums und der zunehmenden Organisation sah sich die Bibelstudentenbewegung auch mit erheblichen Herausforderungen konfrontiert. Eine der größten war die Kritik und der Widerstand von außen. Viele etablierte Kirchen und religiöse Führer sahen in Russells Lehren eine Bedrohung und warnten ihre Gemeinden vor den ›gefährlichen Irrlehren‹ der Bibelstudenten. Diese Kritik führte zu Spannungen und manchmal auch zu offenen Konflikten.

Ein weiterer interner Konfliktpunkt war die genaue Interpretation der biblischen Prophezeiungen. Obwohl Russell als charismatischer Führer anerkannt wurde, gab es innerhalb der Bewegung immer wieder Diskussionen und Differenzen über die Auslegung bestimmter Bibelstellen. Diese theologischen Debatten waren oft intensiv und trugen zur Weiterentwicklung und Klärung der Lehren bei, führten aber auch zu gelegentlichen Abspaltungen.

Die Bedeutung der frühen Jahre

Die ersten zwanzig Jahre der Bibelstudentenbewegung waren entscheidend für die spätere Entwicklung der Zeugen Jehovas. In dieser Zeit wurden die Grundlagen für ihre Lehren, Strukturen und organisatorischen Praktiken gelegt. Die Veröffentlichung der ›Zion's Watch Tower‹ und die Gründung der Watch

Tower Bible and Tract Society schufen eine Plattform, die es der Bewegung ermöglichte, ihre Botschaft weit über die ursprünglichen Anhängerkreise hinaus zu verbreiten.

Diese frühen Jahre waren auch geprägt von einem intensiven Gemeinschaftsgefühl und einem gemeinsamen Ziel. Die Mitglieder der Bewegung fühlten sich als Teil einer besonderen, auserwählten Gruppe, die dazu bestimmt war, die wahre Botschaft der Bibel zu verkünden und die Menschheit auf die bevorstehende Wiederkunft Christi vorzubereiten. Dieses Gemeinschaftsgefühl und die geteilte Mission waren wesentliche Faktoren für den Zusammenhalt und die Ausdauer der Bewegung in den folgenden Jahrzehnten.

Fazit:

Die Jahre von 1870 bis 1890 waren eine Zeit des Aufbaus und der Konsolidierung für die Bibelstudentenbewegung. Unter der Führung von Charles Taze Russell entwickelte sich aus kleinen, informellen Bibelstudiengruppen eine gut organisierte und weitreichende religiöse Gemeinschaft. Die Veröffentlichung der ›Zion's Watch Tower‹ und die Gründung der Watch Tower Bible and Tract Society waren zentrale Schritte in diesem Prozess. Trotz der Herausforderungen und Kontroversen, mit denen sie konfrontiert war, legte die Bewegung in diesen frühen Jahren die Grundlagen für ihren späteren Erfolg und ihre nachhaltige Wirkung.

Die Entwicklung der Lehren

Der Einfluss der Bibel und anderer Schriften

Die Lehren der Zeugen Jehovas sind tief in den Schriften der Bibel verwurzelt, die sie als die unfehlbare und inspirierteste Offenbarung Gottes betrachten. Charles Taze Russell und seine Nachfolger legten großen Wert auf eine gründliche und systematische Studie der Heiligen Schrift. Sie glaubten, dass die Bibel alle notwendigen Informationen und Anweisungen für das Leben der Gläubigen und das Verständnis der göttlichen Absichten enthielt.

Russell und die frühen Bibelstudenten betrachteten es als ihre Aufgabe, die Bibel zu interpretieren und ihre vermeintlich wahren Bedeutungen zu enthüllen, die ihrer Meinung nach von den etablierten Kirchen verfälscht oder missverstanden worden waren. Dies führte zu einer intensiven Auseinandersetzung mit biblischen Prophezeiungen, Chronologien und Symboliken. Insbesondere die Bücher Daniel und Offenbarung, die sich mit Endzeitereignissen und der Wiederkunft Christi beschäftigen, standen im Mittelpunkt ihrer Studien.

Neben der Bibel griffen Russell und seine Anhänger auch auf andere Schriften zurück, um ihre Lehren zu entwickeln und zu stützen. Werke von Adventisten und anderen religiösen Autoren, die sich mit biblischen Prophezeiungen und der Eschatologie auseinandersetzten, beeinflussten die frühe theologische Ausrichtung der Bewegung. Diese Schriften boten zusätzliche Perspektiven und halfen, das Verständnis der Bibelstudenten zu erweitern und zu verfeinern.

Grundlegende Glaubenssätze und ihre Entwicklung

Die Lehren der Zeugen Jehovas entwickelten sich im Laufe der Jahre weiter und wurden präzisiert. Einige der zentralen Glaubenssätze, die sich in dieser Zeit herauskristallisierten, prägen die Bewegung bis heute.

Die Einheit Gottes

Einer der grundlegenden Glaubenssätze der Zeugen Jehovas ist die Betonung der Einheit Gottes. Sie lehnen die Dreieinigkeit ab und glauben, dass Jehova, der Gott der Bibel, ein einziges, unteilbares Wesen ist. Jesus Christus wird als der Sohn Gottes angesehen, aber nicht als Teil einer göttlichen Dreieinigkeit. Diese Auffassung unterscheidet die Zeugen Jehovas deutlich von den meisten anderen christlichen Konfessionen.

Russell lehrte, dass Jesus Christus der erste und direkt von Gott geschaffene Sohn war und dass der Heilige Geist keine Person, sondern die wirksame Kraft Gottes sei. Diese Ansichten führten zu heftigen Kontroversen mit anderen christlichen Gruppen, die die Dreieinigkeit als zentrales Dogma betrachten.

Die Wiederkunft Christi

Ein weiterer zentraler Glaubenssatz ist die Vorstellung von der Wiederkunft Christi. Russell und seine Anhänger glaubten, dass Christus im Jahr 1874 unsichtbar wiedergekehrt sei und seitdem als König im Himmel regiere. Diese unsichtbare Präsenz Christi sollte schließlich in sichtbaren Ereignissen gipfeln, die die Vollendung des göttlichen Plans ankündigten.

Im Jahr 1914, das von Russell als das Jahr der endgültigen Wiederkunft Christi und des Beginns der ›letzten Tage‹ prophezeit wurde, sah die Bewegung den Beginn einer neuen Ära. Obwohl die sichtbare Wiederkunft ausblieb, interpretierten die Zeugen Jehovas den Ausbruch des Ersten Weltkriegs und andere globale Ereignisse als Bestätigung ihrer eschatologischen Erwartungen.

Das Königreich Gottes

Das Konzept des Königreichs Gottes ist ein weiterer Eckpfeiler der Lehren der Zeugen Jehovas. Sie glauben, dass das Königreich Gottes eine tatsächliche Regierung im Himmel ist, die von Jesus Christus geführt wird. Diese Regierung wird bald die menschlichen Regierungen ablösen und ewigen Frieden und Gerechtigkeit auf der Erde herstellen.

Diese Vorstellung von einem bevorstehenden, paradiesischen Königreich auf der Erde gibt den Gläubigen der Zeugen Jehovas Hoffnung und Motivation. Sie sehen ihre missionarische

Tätigkeit und ihre strikte Lebensweise als Vorbereitung auf dieses kommende Reich.

Die Bedeutung des Namens ›Jehovas Zeugen‹

Der Name ›Jehovas Zeugen‹ wurde 1931 offiziell angenommen, um die einzigartige Identität und Mission der Bewegung zu betonen. Der Name leitet sich von Jesaja 43:10 ab, wo es heißt: ›Ihr seid meine Zeugen, spricht Jehova.‹ Diese Namensgebung unterstreicht den Anspruch der Zeugen Jehovas, die wahren Verkünder und Zeugen für Jehova Gott zu sein.

Weitere wesentliche Lehren

Zusätzlich zu diesen grundlegenden Glaubenssätzen entwickelten die Zeugen Jehovas spezifische Ansichten zu vielen anderen theologischen und praktischen Fragen. Sie lehnen zum Beispiel den Gebrauch von Bluttransfusionen ab, da sie dies als Verstoß gegen biblische Gebote betrachten. Auch die Beteiligung an politischen Aktivitäten und das Feiern von traditionellen Feiertagen wie Weihnachten und Ostern wird abgelehnt, da diese als heidnisch und unbiblisch angesehen werden.

Die moralischen und ethischen Standards der Zeugen Jehovas sind streng. Sie legen großen Wert auf Reinheit und Integrität im persönlichen Leben. Alkohol- und Drogenmissbrauch, außerehelicher Sex und andere als unmoralisch betrachtete Handlungen werden strikt verurteilt. Diese strikten Regeln tragen dazu bei, eine klare und einheitliche Identität innerhalb der Gemeinschaft zu bewahren.

Evolution der Lehren und Anpassungen

Die Lehren der Zeugen Jehovas haben sich im Laufe der Jahre weiterentwickelt. Neue Interpretationen biblischer Texte und veränderte gesellschaftliche Bedingungen führten zu Anpassungen und Änderungen. Die Führung der Zeugen Jehovas, vertreten durch die leitende Körperschaft, spielt eine zentrale Rolle bei der Festlegung und Anpassung der Lehren. Diese Gruppe älterer Männer wird als direkt von Gott geleitet angesehen und hat daher großen Einfluss auf die theologische Ausrichtung der Bewegung.

Ein bemerkenswertes Beispiel für eine solche Anpassung ist die Veränderung der Ansicht über die ›Generation‹, die das Ende der Welt erleben soll. Ursprünglich wurde geglaubt, dass die Generation, die 1914 lebte, auch das Ende der ›letzten Tage‹ erleben würde. Als diese Generation jedoch zu sterben begann, wurde die Interpretation angepasst, um eine längere Zeitspanne zu ermöglichen.

Fazit:

Die Entwicklung der Lehren der Zeugen Jehovas ist ein faszinierender Prozess der Interpretation und Anpassung religiöser Überzeugungen. Von den frühen Studien der Bibel und der Veröffentlichung der ›Zion's Watch Tower‹ bis hin zu den heutigen komplexen theologischen Strukturen haben die Zeugen Jehovas eine einzigartige und einheitliche Glaubensgemeinschaft geschaffen. Ihre strikte Auslegung der Bibel, kombiniert mit einem starken Gemeinschaftsgefühl und einem klaren missionarischen Eifer, hat ihnen geholfen, eine weltweit anerkannte und weit verbreitete religiöse Bewegung zu werden. Die ständige Weiterentwicklung und Anpassung ihrer Lehren zeigt ihre Fähigkeit, auf Veränderungen zu reagieren und ihre Identität zu bewahren.

Die Gründung des Watch Tower Bible and Tract Society (1884)

Hintergrund und Bedeutung

Die Gründung der Watch Tower Bible and Tract Society im Jahr 1884 markierte einen bedeutenden Meilenstein in der Geschichte der Bibelstudentenbewegung und legte den organisatorischen Grundstein für die spätere Entwicklung der Zeugen Jehovas. Charles Taze Russell, der Gründer der Bewegung, erkannte die Notwendigkeit einer formalen Organisation, um die Verbreitung der Lehren zu fördern und die wachsende Gemeinschaft der Bibelstudenten zu koordinieren.

Russell hatte bereits in den 1870er Jahren begonnen, seine religiösen Überzeugungen und biblischen Interpretationen zu verbreiten. Die informellen Bibelstudiengruppen, die er ins Leben rief, wuchsen schnell, und die Nachfrage nach schriftlichen Materialien, die seine Lehren erläuterten, nahm zu. Die Notwendigkeit einer zentralen Organisation, die die Produktion und Verteilung dieser Materialien effektiv steuern konnte, wurde immer deutlicher.

Die Watch Tower Bible and Tract Society wurde als gemeinnützige religiöse Gesellschaft gegründet, mit dem Ziel, religiöse Literatur zu veröffentlichen und zu verbreiten. Russell und seine engsten Mitarbeiter sahen in dieser Gesellschaft ein Instrument, um ihre missionarische Arbeit zu systematisieren und zu professionalisieren. Die formale Gründung der Gesellschaft ermöglichte es ihnen, Ressourcen zu bündeln, rechtliche und finanzielle Angelegenheiten zu regeln und die wachsende Bewegung besser zu organisieren.

Erste Publikationen und Verbreitung

Die erste und wohl bekannteste Publikation der Watch Tower Bible and Tract Society war die Zeitschrift ›Zion's Watch Tower and Herald of Christ's Presence‹, die bereits 1879 ins Leben gerufen worden war. Mit der Gründung der Gesellschaft im Jahr 1884 erhielt diese Publikation eine neue organisatorische Basis und konnte ihre Reichweite erheblich ausweiten. Der ›Zion's Watch Tower‹ diente als zentrales Kommunikationsmittel der Bewegung und bot Russell eine Plattform, um seine Auslegungen der Bibel, seine prophetischen Einsichten und seine Kommentare zu aktuellen religiösen und gesellschaftlichen Entwicklungen zu verbreiten.

Neben der Zeitschrift begann die Gesellschaft bald, eine Vielzahl von Traktaten, Broschüren und Büchern zu veröffentlichen. Diese Schriften deckten ein breites Spektrum an theologischen Themen ab und waren darauf ausgelegt, die Lehren der Bibelstudentenbewegung einem möglichst großen Publikum zugänglich zu machen. Besonders einflussreich waren die Bände der ›Millennial Dawn‹-Serie (später umbenannt in ›Studies in the Scriptures‹), die umfassende Erklärungen biblischer Prophezeiungen und Lehren enthielten.

Die Verbreitung dieser Publikationen erfolgte auf vielfältige Weise. Die Bibelstudenten selbst spielten eine zentrale Rolle, indem sie als Kolporteure von Tür zu Tür gingen und die Schriften anboten. Diese frühen Formen der missionarischen Arbeit legten den Grundstein für die späteren, systematischeren Verbreitungsstrategien der Zeugen Jehovas. Darüber hinaus wurden die Schriften auch durch Postversand und bei öffentlichen Vorträgen verteilt.

Die Watch Tower Bible and Tract Society nutzte moderne Drucktechnologien, um die Produktion ihrer Schriften zu steigern und die Kosten zu senken. Die Einführung von Druckpressen ermöglichte es, große Mengen an Literatur zu erschwinglichen Preisen herzustellen. Diese Effizienz in der Produktion trug dazu bei, die Lehren der Bewegung weit über die ursprünglichen Anhängerkreise hinaus zu verbreiten.

Wachstum und Einfluss

Die Gründung der Watch Tower Bible and Tract Society trug wesentlich zum Wachstum und zur Konsolidierung der Bibelstudentenbewegung bei. Die formale Struktur der Gesellschaft ermöglichte es, die Aktivitäten der Bewegung zu koordinieren und eine einheitliche Lehre sicherzustellen. Dies war besonders wichtig, da die Bewegung in den 1880er Jahren eine signifikante Expansion erlebte und immer mehr Menschen zu den Lehren von Russell und seinen Anhängern fanden.

Ein wesentlicher Faktor für den Erfolg der Gesellschaft war Russells Fähigkeit, komplexe theologische Konzepte verständlich und ansprechend zu präsentieren. Seine Schriften waren klar und prägnant, und seine Interpretation der Bibel bot vielen Menschen eine neue Perspektive auf alte religiöse Fragen. Die Watch Tower Bible and Tract Society stellte sicher, dass diese Lehren in einer Weise verbreitet wurden, die sowohl zugänglich als auch überzeugend war.

Die Gesellschaft förderte auch die Entstehung lokaler Gemeinden und Versammlungen der Bibelstudenten. Diese Versammlungen boten den Anhängern nicht nur die Möglichkeit, gemeinsam die Bibel zu studieren, sondern auch, eine Gemeinschaft zu bilden und sich gegenseitig in ihrem Glauben zu unterstützen. Die Watch Tower Bible and Tract Society spielte eine zentrale Rolle bei der Koordination dieser Gemeinden und stellte sicher, dass sie regelmäßig mit den neuesten Schriften und Materialien versorgt wurden.

Herausforderungen und Anpassungen

Die ersten Jahre der Watch Tower Bible and Tract Society waren jedoch nicht frei von Herausforderungen. Die Bewegung sah sich sowohl internen als auch externen Widerständen gegenüber. Innerhalb der Bewegung gab es immer wieder Diskussionen und Meinungsverschiedenheiten über die richtige Auslegung bestimmter Bibelstellen und die Ausrichtung der Missionstätigkeit. Extern stieß die Bewegung auf Kritik und Ablehnung durch etablierte Kirchen und religiöse Führer, die die Lehren von Russell als ketzerisch betrachteten.

Trotz dieser Herausforderungen zeigte die Gesellschaft eine bemerkenswerte Anpassungsfähigkeit. Russell und seine Mitarbeiter waren stets bemüht, auf Kritik einzugehen und ihre Methoden zu verbessern. Diese Flexibilität trug dazu bei, die Bewegung zu stabilisieren und ihre Attraktivität für neue Anhänger zu erhöhen.

Ein bemerkenswertes Beispiel für diese Anpassungsfähigkeit war die Reaktion auf das Jahr 1914. Russell hatte dieses Jahr als das Jahr der endgültigen Wiederkunft Christi und des Beginns des Millenniums vorhergesagt. Obwohl die erwarteten Ereignisse nicht in der prophezeiten Form eintraten, nutzte die Gesellschaft die Gelegenheit, ihre Lehren anzupassen und die Ereignisse des Ersten Weltkriegs als Bestätigung ihrer eschatologischen Perspektiven darzustellen.

Die langfristige Bedeutung der Gründung

Die Gründung der Watch Tower Bible and Tract Society legte den Grundstein für die spätere Entwicklung der Zeugen Jehovas als eine gut organisierte und weltweit aktive religiöse Bewegung. Die Gesellschaft spielte eine zentrale Rolle bei der Verbreitung der Lehren und bei der Koordination der missionarischen Aktivitäten. Ihre Fähigkeit, moderne Drucktechnologien zu nutzen und eine Vielzahl von Schriften zu produzieren, trug wesentlich dazu bei, die Botschaft der Bibelstudentenbewegung zu verbreiten und ihre Anhängerschaft zu vergrößern.

Die formale Struktur der Gesellschaft ermöglichte es, die Bewegung effektiv zu organisieren und eine einheitliche Lehre sicherzustellen. Dies war besonders wichtig angesichts der zahlreichen theologischen und praktischen Herausforderungen, denen die Bewegung im Laufe der Zeit begegnete. Die Watch Tower Bible and Tract Society bewies ihre Anpassungsfähigkeit und Innovationskraft, indem sie stets bestrebt war, ihre Methoden zu verbessern und auf Veränderungen zu reagieren.

Fazit:

Die Gründung der Watch Tower Bible and Tract Society im Jahr 1884 war ein entscheidender Schritt in der Geschichte der Bibelstudentenbewegung. Sie ermöglichte es Charles Taze Russell und seinen Anhängern, ihre missionarische Arbeit zu systematisieren und zu professionalisieren. Durch die Veröffentlichung und Verbreitung zahlreicher Schriften trug die Gesellschaft wesentlich zur Verbreitung der Lehren und zum Wachstum der Bewegung bei. Die Herausforderungen und Anpassungen, denen sie sich stellen musste, zeigten die Fähigkeit der Bewegung, auf Veränderungen zu reagieren und ihre Identität zu bewahren. Die Watch Tower Bible and Tract Society legte somit den Grundstein für die spätere Entwicklung der Zeugen Jehovas als eine weltweit aktive religiöse Bewegung.

Rutherford und die Umbenennung:

1916-1931

Joseph Franklin Rutherford übernimmt die Führung

Nach dem Tod von Charles Taze Russell im Jahr 1916 stand die Bibelstudentenbewegung an einem entscheidenden Wendepunkt. Die Bewegung, die Russell aufgebaut und geprägt hatte, musste nun ohne ihren charismatischen Führer weiterbestehen. In dieser kritischen Phase trat Joseph Franklin Rutherford, ein prominenter Anwalt und enger Vertrauter Russells, ins Zentrum des Geschehens und übernahm die Leitung der Watch Tower Bible and Tract Society.

Rutherford, geboren 1869 in Missouri, war bereits seit einigen Jahren ein engagiertes Mitglied der Bibelstudentenbewegung. Er hatte sich einen Namen als erfolgreicher Jurist gemacht und war als Rechtsberater für die Gesellschaft tätig gewesen. Sein scharfer Verstand und seine Fähigkeit, überzeugend zu argumentieren, machten ihn zu einem geeigneten Nachfolger für Russell. Doch Rutherfords Aufstieg zur Führung verlief nicht ohne Kontroversen.

Nach Russells Tod kam es zu internen Auseinandersetzungen über die Nachfolge und die zukünftige Ausrichtung der Bewegung. Einige führende Mitglieder waren mit Rutherfords autoritativem Führungsstil und seinen Plänen für die Organisation nicht einverstanden. Trotz dieser Widerstände wurde Rutherford im Januar 1917 offiziell zum Präsidenten der Watch Tower Bible and Tract Society gewählt. Er setzte sich gegen seine Kritiker durch und begann, die Bewegung nach seinen Vorstellungen zu gestalten.

Veränderungen und Konsolidierung

Unter Rutherfords Führung durchlief die Bewegung tiefgreifende Veränderungen. Er sah die Notwendigkeit, die Organisation zu zentralisieren und zu straffen, um ihre Effizienz und Schlagkraft zu erhöhen. Rutherford führte eine Reihe von Reformen durch, die die Kontrolle der Gesellschaft über die lokalen Versammlungen und deren Aktivitäten stärkten. Diese Zentralisierung stieß jedoch nicht überall auf Zustimmung und führte zu weiteren Spannungen innerhalb der Bewegung.

Rutherfords Vision für die Bewegung war ehrgeizig und weitreichend. Er wollte die Bibelstudenten zu einer straff organisierten, globalen Missionsbewegung formen. Um dieses Ziel zu erreichen, erweiterte er die missionarischen Aktivitäten und nutzte moderne Technologien, um die Botschaft der Bewegung zu verbreiten. Unter seiner Leitung wurden Radio- und Filmprojekte initiiert, die die Reichweite der Bewegung erheblich vergrößerten. Diese neuen Medien boten eine Plattform, um die Lehren der Bibelstudenten einem breiteren Publikum zugänglich zu machen und neue Mitglieder zu gewinnen.

Namensänderung zu Zeugen Jehovas

Eine der bedeutendsten Veränderungen unter Rutherfords Führung war die offizielle Umbenennung der Bewegung im Jahr 1931. Die Wahl des neuen Namens ›Zeugen Jehovas‹ war kein zufälliger Schritt, sondern ein strategischer Akt, der die Identität und Mission der Bewegung klar definieren sollte. Der neue Name, inspiriert von Jesaja 43:10 (›Ihr seid meine Zeugen, spricht Jehova‹), unterstrich den Anspruch der Bewegung, die wahren Verkünder und Verteidiger des göttlichen Namens Jehovas zu sein.

Die Namensänderung war ein Ausdruck des Wunsches, sich von anderen religiösen Gruppen abzugrenzen und eine eindeutige Identität zu schaffen. Rutherford wollte sicherstellen, dass die Anhänger der Bewegung als Zeugen Jehovas klar erkennbar waren und sich durch ihren Glauben und ihre Lebensweise von anderen Christen unterschieden. Der neue Name sollte den missionarischen Eifer und die Verpflichtung der Anhänger gegenüber ihrer göttlichen Berufung betonen.

Die Einführung des Namens ›Zeugen Jehovas‹ war ein bedeutender Moment in der Geschichte der Bewegung. Es war mehr als nur eine formale Änderung; es symbolisierte eine Neuausrichtung und eine Verstärkung des Engagements der Anhänger. Die Namensänderung half, die Gemeinschaft zu festigen und eine kohärente Identität zu schaffen, die die Mitglieder weltweit verband.

Kontroversen und Widerstände

Rutherfords autoritäre Führung und seine weitreichenden Reformen stießen jedoch auch auf erhebliche Widerstände. Einige langjährige Mitglieder und führende Persönlichkeiten der Bewegung fühlten sich durch die Zentralisierung und die strikten Vorgaben bevormundet. Diese internen Konflikte führten zu Abspaltungen und zur Gründung unabhängiger Bibelstudentengruppen, die sich nicht mit den neuen Richtlinien und dem Führungsstil Rutherfords identifizieren konnten.

Trotz dieser Kontroversen gelang es Rutherford, die Mehrheit der Bewegung hinter sich zu versammeln und seine Vision durchzusetzen. Er zeigte sich unnachgiebig gegenüber seinen Kritikern und verfolgte seine Ziele mit Entschlossenheit. Die Konsolidierung der Bewegung unter seiner Führung und die Einführung des neuen Namens trugen dazu bei, die Anhängerschaft zu stabilisieren und eine klare Richtung vorzugeben.

Einfluss auf die Lehren und Praktiken

Rutherford beeinflusste nicht nur die organisatorische Struktur der Bewegung, sondern auch ihre theologischen Lehren und Praktiken. Unter seiner Leitung wurden einige der Lehren, die Russell entwickelt hatte, weiter verfeinert und angepasst. Rutherford legte besonderen Wert auf die Betonung der Königreichsbotschaft und die Rolle der Zeugen Jehovas als Verkünder dieser Botschaft.

Er führte auch neue Interpretationen und Doktrinen ein, die das Verständnis der Endzeit und die Rolle der Zeugen Jehovas in Gottes Plan erweiterten. Diese theologischen Entwicklungen halfen, die Glaubensgemeinschaft zu stärken und ihre Identität weiter zu schärfen. Rutherfords Reden und Schriften prägten die theologische Ausrichtung der Bewegung nachhaltig und trugen dazu bei, ihre Lehren zu verbreiten und zu festigen.

Die Bedeutung der Umbenennung

Die Umbenennung zu Zeugen Jehovas war ein strategischer Schritt, der weitreichende Auswirkungen auf die Bewegung hatte. Sie half, die Identität der Gemeinschaft zu stärken und eine klare Abgrenzung von anderen religiösen Gruppen zu schaffen. Der neue Name betonte die besondere Rolle der Anhänger als Zeugen für Jehova Gott und unterstrich ihre Verpflichtung, die göttliche Botschaft in die Welt zu tragen.

Diese Namensänderung und die damit verbundene Neuausrichtung der Bewegung trugen dazu bei, die Zeugen Jehovas als eine einheitliche und kohärente Glaubensgemeinschaft zu etablieren. Sie schuf eine starke Markenidentität, die es der Bewegung ermöglichte, ihre Lehren effektiv zu verbreiten und neue Mitglieder zu gewinnen. Die Entscheidung für den Namen ›Zeugen Jehovas‹ war ein Schlüsselmoment, der die zukünftige Entwicklung der Bewegung maßgeblich beeinflusste.

Fazit:

Die Jahre von 1916 bis 1931 waren eine transformative Periode in der Geschichte der Zeugen Jehovas. Unter der Führung von Joseph Franklin Rutherford durchlief die Bewegung tiefgreifende Veränderungen und eine bedeutende Neuausrichtung. Die Gründung des Watch Tower Bible and Tract Society unter seiner Leitung, die Einführung neuer missionarischer Methoden und die offizielle Umbenennung zu Zeugen Jehovas waren zentrale Elemente dieser Transformation.

Rutherfords entschlossene Führung und seine visionären Reformen halfen, die Bewegung zu stabilisieren und zu konsolidieren, trotz der internen und externen Widerstände. Die Namensänderung zu Zeugen Jehovas markierte einen entscheidenden Schritt in der Geschichte der Bewegung und trug wesentlich dazu bei, ihre Identität und Mission zu definieren. Diese Periode legte den Grundstein für die weitere Entwicklung der Zeugen Jehovas als eine weltweit aktive und einheitliche religiöse Gemeinschaft.

Zwischen den Kriegen: 1918-1939

Die Bewegung in den 1920er und 1930er Jahren

Die Zeit zwischen den beiden Weltkriegen war für die Zeugen Jehovas eine Phase intensiver Entwicklung und weitreichender Veränderungen. Unter der Führung von Joseph Franklin Rutherford, der die Präsidentschaft nach dem Tod von Charles Taze Russell übernommen hatte, erlebte die Bewegung tiefgreifende organisatorische und doktrinäre Veränderungen. Diese Jahre waren geprägt von einer verstärkten Missionstätigkeit, wichtigen Veröffentlichungen und einem zunehmenden Widerstand von außen.

Die 1920er Jahre:

Konsolidierung und Expansion

In den 1920er Jahren setzte Rutherford seine Bemühungen fort, die Organisation der Zeugen Jehovas zu zentralisieren und zu straffen. Seine Reformen zielten darauf ab, die Bewegung effizienter und schlagkräftiger zu machen. Eine der wichtigsten Änderungen in dieser Zeit war die Einführung eines strikten hierarchischen Systems, das die Kontrolle der Watch Tower Bible and Tract Society über die lokalen Versammlungen und deren Aktivitäten verstärkte.

Rutherford legte großen Wert auf die Verbreitung der Botschaft der Zeugen Jehovas und nutzte dazu moderne Technologien wie Radio und Film. 1924 startete die Bewegung ihre erste eigene Radiosendung, die es ermöglichte, die Lehren der Zeugen Jehovas einem breiteren Publikum zugänglich zu machen. Diese neuen Medien wurden zu wichtigen Werkzeugen in der missionarischen Arbeit und trugen erheblich zur Verbreitung der Bewegung bei.

Die Zeugen Jehovas waren in dieser Zeit auch durch eine Vielzahl von Publikationen präsent. Rutherford schrieb zahlreiche Bücher und Broschüren, die die Lehren der Bewegung darlegten und verbreiteten. Diese Schriften wurden in viele Sprachen übersetzt und weltweit verteilt. Besonders hervorzuheben sind die Bücher ›Millions Now Living Will Never Die‹ (1920) und ›The Harp of God‹ (1921), die die Eschatologie der Zeugen Jehovas und ihre Sicht auf das bevorstehende Königreich Gottes ausführlich darlegten.

Wichtige Veröffentlichungen und Veränderungen

Die 1920er Jahre waren eine Zeit intensiver theologischer Entwicklungen. Rutherford führte neue Interpretationen und Doktrinen ein, die das Verständnis der Anhänger von der Bibel und den Endzeitprophezeiungen weiterentwickelten. Eine der bedeutendsten Veröffentlichungen dieser Zeit war das Buch ›The Finished Mystery‹ (1917), das posthum von Russell und Rutherford verfasst wurde. Dieses Werk war eine umfassende Exegese der biblischen Bücher Hesekiel und Offenbarung und enthielt viele der eschatologischen Lehren, die die Bewegung prägten.

Eine weitere wichtige Veröffentlichung war das Buch ›The Way to Paradise‹ (1924), das eine detaillierte Darstellung des kommenden Königreichs Gottes bot und praktische Anleitungen für das christliche Leben enthielt. Diese Schriften halfen, die Glaubenssätze der Zeugen Jehovas zu festigen und ihre Anhänger in ihrem Glauben zu stärken.

In den 1930er Jahren führte Rutherford weitere bedeutende Veränderungen ein. Er betonte die Notwendigkeit, sich von der ›Welt‹ abzugrenzen und ein reines, gottgefälliges Leben zu führen. Diese Betonung der Trennung von der Welt führte zu einer Verschärfung der Verhaltensregeln für die Mitglieder. Viele weltliche Aktivitäten, die als unvereinbar mit dem Glauben der Zeugen Jehovas angesehen wurden, wurden untersagt. Diese Regeln betrafen unter anderem das Feiern von Feiertagen und Geburtstagen sowie das Engagement in politischen Aktivitäten.

Die Herausforderung des Widerstands

Die 1920er und 1930er Jahre waren auch eine Zeit zunehmender äußerer Herausforderungen und Verfolgungen. In vielen Ländern stießen die Zeugen Jehovas auf heftigen Widerstand seitens der Regierungen und der etablierten Kirchen. Ihre Weigerung, sich an politischen Aktivitäten zu beteiligen, sowie ihre Neutralität in militärischen Angelegenheiten brachten sie oft in Konflikt mit den Behörden. In einigen Ländern, darunter auch die USA, wurden Mitglieder der Bewegung verhaftet und inhaftiert, weil sie sich weigerten, den Kriegsdienst zu leisten oder den Treueeid auf die Flagge zu schwören.

Dieser Widerstand führte dazu, dass die Zeugen Jehovas eine Haltung des Märtyrertums und der Standhaftigkeit entwickelten. Sie sahen sich als die wahren Nachfolger Christi, die bereit waren, Verfolgung und Leiden um des Glaubens willen zu ertragen. Diese Erfahrungen stärkten den Zusammenhalt der Gemeinschaft und festigten ihre Entschlossenheit, trotz aller Widerstände an ihrem Glauben festzuhalten.

Internationale Expansion

Trotz der Herausforderungen und Verfolgungen wuchs die Bewegung in den 1920er und 1930er Jahren kontinuierlich. Rutherford legte großen Wert auf die internationale Missionstätigkeit und schickte Missionare in alle Teile der Welt. Neue Zweigstellen der Watch Tower Society wurden in verschiedenen Ländern gegründet, um die missionarische Arbeit zu koordinieren und die Verbreitung der Schriften zu unterstützen.

Die internationale Expansion der Zeugen Jehovas war beeindruckend. In Europa, Lateinamerika, Afrika und Asien gewannen sie neue Anhänger und gründeten zahlreiche Versammlungen. Diese globale Ausbreitung trug dazu bei, die Bewegung zu einer weltweit aktiven Glaubensgemeinschaft zu machen.

Fazit:

Die Jahre zwischen den beiden Weltkriegen waren eine transformative Periode in der Geschichte der Zeugen Jehovas. Unter der Führung von Joseph Franklin Rutherford durchlief die Bewegung tiefgreifende organisatorische und doktrinäre Veränderungen. Die Einführung moderner Kommunikationsmittel und die Betonung der internationalen Missionstätigkeit trugen wesentlich zur Verbreitung der Lehren bei.

Wichtige Veröffentlichungen und die Festigung der Glaubenssätze halfen, die Anhänger in ihrem Glauben zu stärken und die Bewegung zu konsolidieren. Trotz der äußeren Herausforderungen und Verfolgungen wuchsen die Zeugen Jehovas weiter und etablierten sich als eine weltweit aktive Glaubensgemeinschaft. Diese Periode legte den Grundstein für die weitere Entwicklung und das Wachstum der Zeugen Jehovas im 20. Jahrhundert und darüber hinaus.

Der Widerstand und die Verfolgung während des Zweiten Weltkriegs

Verfolgung der Zeugen Jehovas in Nazi-Deutschland

Die Zeugen Jehovas standen während des Zweiten Weltkriegs vor einer der dunkelsten und gefährlichsten Perioden ihrer Geschichte. Besonders in Nazi-Deutschland erlitten sie brutale Verfolgungen, da ihre Glaubensüberzeugungen direkt im Widerspruch zur Ideologie des nationalsozialistischen Regimes standen. Die Weigerung der Zeugen Jehovas, den Hitlergruß zu geben, am Militärdienst teilzunehmen oder sich politisch zu engagieren, machte sie zu Zielscheiben der nationalsozialistischen Unterdrückung.

Mit der Machtergreifung der Nationalsozialisten 1933 verschärfte sich die Lage für die Zeugen Jehovas dramatisch. Ihre Literatur wurde verboten, ihre Versammlungen aufgelöst, und viele ihrer Mitglieder wurden verhaftet. Die Gestapo, die geheime Staatspolizei, überwachte ihre Aktivitäten streng und führte Razzien durch, um Anhänger der Bewegung festzunehmen. Tausende Zeugen Jehovas wurden inhaftiert und in Konzentrationslager deportiert, wo sie schweren Misshandlungen und Zwangsarbeit ausgesetzt waren.

Die Standhaftigkeit der Zeugen Jehovas angesichts dieser Verfolgung ist bemerkenswert. Trotz der extremen Bedingungen in den Lagern hielten sie an ihrem Glauben fest und weigerten sich, den Nationalsozialismus zu unterstützen. Viele wurden vor die Wahl gestellt, ihren Glauben zu widerrufen und Freiheit zu erlangen, oder ihren Überzeugungen treu zu bleiben und weiter inhaftiert zu bleiben. Die Mehrheit entschied sich für Letzteres und zeigte eine bemerkenswerte Tapferkeit und Opferbereitschaft.

Ein Symbol dieser Standhaftigkeit ist die lila Schwinge, die Zeugen Jehovas in den Konzentrationslagern tragen mussten, um sie als Bibelforscher zu kennzeichnen. Diese Kennzeichnung war ein Mittel der Stigmatisierung und diente dazu, sie von anderen Häftlingen zu unterscheiden. Dennoch nutzten die Zeugen Jehovas jede Gelegenheit, um heimlich religiöse Treffen abzuhalten, ihre Schriften zu verbreiten und ihren Glauben unter widrigsten Umständen zu praktizieren.

Internationaler Widerstand und Verfolgung

Die Verfolgung der Zeugen Jehovas war nicht auf Nazi-Deutschland beschränkt. In vielen anderen Ländern erlitten sie ähnliche Repressionen, insbesondere in den von den Achsenmächten besetzten Gebieten. Ihre Haltung der politischen Neutralität und ihre Weigerung, am Kriegsgeschehen teilzunehmen, brachte sie in Konflikt mit den Behörden und führte zu weitreichenden Konsequenzen.

In Japan, das mit Deutschland und Italien verbündet war, wurden Zeugen Jehovas ebenfalls verfolgt. Ihre Weigerung, den Kaiser als göttliche Figur anzuerkennen und den Shinto-Schrein zu verehren, wurde als illoyal und staatsfeindlich angesehen. Viele Zeugen Jehovas wurden verhaftet, gefoltert und inhaftiert. Dennoch blieben sie ihrem Glauben treu und nutzten sogar ihre Gefangenschaft, um anderen Häftlingen von ihren Überzeugungen zu erzählen.

In den USA und Kanada standen die Zeugen Jehovas ebenfalls vor Herausforderungen, wenn auch nicht in derselben extremen Form wie in den Achsenländern. Während des Krieges wurden sie oft als unpatriotisch betrachtet und standen unter staatlicher Beobachtung. Ihre Verweigerung des Militärdienstes führte zu zahlreichen Inhaftierungen, und ihre Kinder wurden in einigen Fällen von den Schulen ausgeschlossen, weil sie sich weigerten, den Treueeid auf die Flagge zu leisten. Trotz dieser Schwierigkeiten setzten die Zeugen Jehovas ihre missionarische Arbeit fort und verteidigten ihr Recht auf Religionsfreiheit vor Gericht.

Die internationale Gemeinschaft der Zeugen Jehovas zeigte eine beeindruckende Solidarität und gegenseitige Unterstützung während dieser schweren Zeiten. Ihre Netzwerke halfen, Informationen und Ressourcen auszutauschen und den Verfolgten beizustehen. Diese Unterstützung war oft lebensrettend und half vielen, ihren Glauben unter extremen Bedingungen aufrechtzuerhalten.

Die Bedeutung der Standhaftigkeit

Die Standhaftigkeit der Zeugen Jehovas während des Zweiten Weltkriegs hatte tiefgreifende Auswirkungen auf die Bewegung. Sie stärkte den Zusammenhalt und das Gemeinschaftsgefühl unter den Mitgliedern und prägte die Identität der Zeugen Jehovas nachhaltig. Die Erfahrungen der Verfolgung wurden zu einem zentralen Bestandteil ihrer Geschichte und ihres Selbstverständnisses.

Diese Zeit der Verfolgung zeigte auch die moralische und spirituelle Überzeugungskraft der Zeugen Jehovas. Ihre Bereitschaft, für ihren Glauben zu leiden und sogar ihr Leben zu riskieren, beeindruckte viele Beobachter und führte in einigen Fällen zur Konversion neuer Mitglieder. Ihre Opferbereitschaft und ihr unerschütterlicher Glaube inspirierten sowohl innerhalb als auch außerhalb der Bewegung Respekt und Bewunderung.

Fazit:

Die Jahre des Zweiten Weltkriegs waren eine Zeit beispielloser Verfolgung und Härten für die Zeugen Jehovas. In Nazi-Deutschland und anderen Ländern standen sie vor brutalen Repressionen aufgrund ihrer religiösen Überzeugungen und ihrer politischen Neutralität. Ihre Standhaftigkeit und ihr Mut angesichts dieser Bedrohungen sind ein beeindruckendes Zeugnis ihres Glaubens und ihrer Entschlossenheit.

Die internationale Gemeinschaft der Zeugen Jehovas zeigte in diesen Jahren eine bemerkenswerte Solidarität und Unterstützung, die vielen Mitgliedern half, die Verfolgung zu überstehen. Die Erfahrungen aus dieser Zeit haben die Bewegung nachhaltig geprägt und ihr eine starke Identität und ein tiefes Bewusstsein für ihre Mission und ihre Prinzipien verliehen.

Diese Periode der Geschichte ist ein kraftvolles Beispiel für die Widerstandsfähigkeit und den unerschütterlichen Glauben der Zeugen Jehovas.

Die Nachkriegszeit:

Wiederaufbau und Expansion

Erholung und Wachstum nach dem Krieg

Mit dem Ende des Zweiten Weltkriegs 1945 standen die Zeugen Jehovas vor der Herausforderung, ihre Gemeinschaften wieder aufzubauen und die Auswirkungen der Verfolgung zu überwinden. Die Nachkriegszeit war geprägt von einem bemerkenswerten Aufschwung und einer Phase intensiver Expansion, die die Bewegung global stärken sollte.

Nach Jahren der Verfolgung und Unterdrückung in verschiedenen Ländern, insbesondere in Nazi-Deutschland, konzentrierten sich die Zeugen Jehovas zunächst auf den Wiederaufbau ihrer Strukturen und die Unterstützung ihrer Mitglieder. Viele Zeugen, die aus den Konzentrationslagern und Gefängnissen befreit worden waren, kehrten traumatisiert zurück und benötigten sowohl materielle als auch seelische Hilfe. Die Organisation stellte Ressourcen bereit, um diesen Bedürfnissen gerecht zu werden und half den Betroffenen, ihre Gemeinden wieder aufzubauen.

Einen bedeutenden Schritt in dieser Phase stellte die Neugründung und Reorganisation der örtlichen Versammlungen dar. Die Gemeinschaften begannen damit, ihre Königreichssäle wieder aufzubauen oder neue zu errichten, und legten großen Wert auf die Ausbildung und Schulung ihrer Mitglieder. Es wurden Schulungsprogramme entwickelt, um die Bibelkenntnisse zu vertiefen und die missionarischen Fähigkeiten zu stärken. Diese Schulungen förderten nicht nur das individuelle Wachstum der Mitglieder, sondern auch die Kohärenz und Effizienz der gesamten Organisation.

Internationale Expansion und Missionierung

Die Nachkriegszeit markierte auch den Beginn einer beeindruckenden internationalen Expansion der Zeugen Jehovas. Die Bewegung nutzte die globalen Umwälzungen und die zunehmende Mobilität, um ihre Botschaft weltweit zu verbreiten. Dabei spielte die Zentrale in Brooklyn, New York, eine zentrale Rolle, indem sie die internationalen Aktivitäten koordinierte und unterstützte.

Ein wesentlicher Faktor für die Expansion war die Übersetzung und Verbreitung der religiösen Schriften in immer mehr Sprachen. Die Zeugen Jehovas verstanden früh die Bedeutung der Sprachvielfalt und setzten alles daran, ihre Literatur einem breiteren Publikum zugänglich zu machen. Der ›Wachtturm‹ und ›Erwachet!‹ wurden in zahlreiche Sprachen übersetzt und weltweit verbreitet. Diese Publikationen dienten nicht nur der Verbreitung der Glaubenslehren, sondern auch der Stärkung und Ermutigung der bereits bestehenden Gemeinschaften.

Die Missionierung spielte eine zentrale Rolle in der Nachkriegsstrategie der Zeugen Jehovas. Missionare wurden in viele Länder entsandt, um dort neue Gemeinden zu gründen und die Botschaft zu verbreiten. Besonders in Ländern, die zuvor für die Bewegung schwer zugänglich gewesen waren, erzielten die Missionare große Erfolge. In Lateinamerika, Afrika und Asien wuchs die Zahl der Anhänger rapide. Die Missionare nutzten moderne Kommunikationsmittel wie Radio und später auch Fernsehen, um ein breiteres Publikum zu erreichen.

Ein herausragendes Beispiel für die internationale Missionierung war die ›New World Society Assembly‹ 1958, eine Großveranstaltung in New York, die Zehntausende von Zeugen Jehovas aus aller Welt zusammenbrachte. Diese Veranstaltung zeigte nicht nur die internationale Reichweite der Bewegung, sondern stärkte auch das Gemeinschaftsgefühl und die globale Vernetzung der Mitglieder.

Anpassungen und Herausforderungen

Während der Phase des Wachstums und der Expansion mussten die Zeugen Jehovas auch mit verschiedenen Herausforderungen umgehen. In einigen Ländern stießen sie auf gesetzlichen und gesellschaftlichen Widerstand. Die Weigerung, den Wehrdienst zu leisten und politische Neutralität zu wahren, führte weiterhin zu Konflikten mit staatlichen Behörden. In Ländern wie Spanien und Portugal, die damals unter autoritären Regimen standen, wurden die Aktivitäten der Zeugen Jehovas stark eingeschränkt.

Trotz dieser Herausforderungen blieb die Organisation standhaft und nutzte rechtliche Mittel, um ihre Religionsfreiheit zu verteidigen. In mehreren Ländern führten die Zeugen Jehovas Gerichtsverfahren, um ihr Recht auf freie Religionsausübung durchzusetzen. Diese rechtlichen Kämpfe waren oft langwierig und zermürbend, aber sie halfen, die Position der Zeugen Jehovas zu festigen und die Aufmerksamkeit auf Fragen der Religionsfreiheit zu lenken.

Wachstum durch Bildung und Technologie

Ein wichtiger Aspekt der Expansion war die Nutzung von Bildung und Technologie. Die Zeugen Jehovas legten großen Wert auf die Bildung ihrer Mitglieder. Neben den theologischen Schulungen wurden auch allgemeine Bildungsprogramme gefördert, um die Mitglieder zu befähigen, ihre Botschaft effektiver zu kommunizieren und in der Gesellschaft erfolgreich zu agieren.

Technologische Fortschritte wurden ebenfalls genutzt, um die Reichweite der Bewegung zu vergrößern. Die Einführung von Audio- und Videomaterialien erleichterte die Verbreitung der Lehren und erreichte Menschen, die möglicherweise keinen Zugang zu gedruckten Materialien hatten. Diese technologischen Innovationen trugen dazu bei, die Effizienz der missionarischen Aktivitäten zu steigern und neue Wege der Kommunikation zu eröffnen.

Fazit:

Die Nachkriegszeit war für die Zeugen Jehovas eine Periode des Wiederaufbaus und der dynamischen Expansion. Trotz der erheblichen Herausforderungen und des Widerstands, den sie in vielen Ländern erlebten, gelang es ihnen, ihre Gemeinschaften zu stärken und ihre Botschaft weltweit zu verbreiten. Die Kombination aus starker organisatorischer Struktur, effektiver Nutzung von Technologie und unermüdlichem missionarischen Eifer führte zu einem beeindruckenden Wachstum der Bewegung.

Diese Phase legte den Grundstein für die moderne Entwicklung der Zeugen Jehovas und trug wesentlich dazu bei, ihre Position als weltweit aktive Glaubensgemeinschaft zu festigen. Die Nachkriegsjahre zeigten die Widerstandskraft und den Innovationsgeist der Zeugen Jehovas und sind ein bedeutendes Kapitel in ihrer Geschichte, das ihren Weg in die Zukunft entscheidend prägte.

Die Struktur der Organisation

Hierarchie und Führungsstruktur

Die Zeugen Jehovas zeichnen sich durch eine streng hierarchische Organisationsstruktur aus, die auf zentraler Führung und klar definierten Rollen basiert. Diese Struktur ist entscheidend für das Funktionieren und die Kohärenz der weltweiten Gemeinschaft und spiegelt die Überzeugung wider, dass eine organisierte und disziplinierte Führung notwendig ist, um die religiösen Ziele und Missionen effektiv zu erreichen.

Im Zentrum dieser Hierarchie steht die leitende Körperschaft, ein Gremium aus erfahrenen Männern, die die geistliche Führung und administrative Kontrolle über die weltweite Organisation ausüben. Diese leitende Körperschaft befindet sich in der Weltzentrale in Warwick, New York, und ist verantwortlich für die Auslegung der Bibel und die Festlegung der Glaubenslehren. Ihre Entscheidungen und Anweisungen sind für alle Zeugen Jehovas verbindlich und werden als göttlich inspiriert betrachtet.

Die leitende Körperschaft delegiert ihre Befugnisse an regionale Aufsichtsstellen, die als Zweigbüros bekannt sind. Diese Zweigbüros überwachen die Aktivitäten der Zeugen Jehovas in bestimmten geografischen Gebieten und stellen sicher, dass die Anweisungen der leitenden Körperschaft umgesetzt werden.

Sie koordinieren auch die Druckproduktion und den Vertrieb der religiösen Literatur sowie die Durchführung von Großveranstaltungen und Kongressen.

Unterhalb der Zweigbüros befinden sich die einzelnen Versammlungen, die Grundbausteine der Organisation. Jede Versammlung besteht aus einer Gruppe von Gläubigen, die sich regelmäßig zu Gottesdiensten, Bibelstudien und anderen religiösen Aktivitäten treffen. Jede Versammlung wird von einem Gremium aus Ältesten und Dienstamtgehilfen geleitet, die eine zentrale Rolle im täglichen Leben der Gemeinschaft spielen.

Rolle der Ältesten

Die Ältesten sind die geistlichen Führer jeder Versammlung und tragen eine große Verantwortung für das Wohl und die geistliche Gesundheit der Mitglieder. Ihre Hauptaufgabe besteht darin, die Bibel zu lehren und die Glaubenslehren zu erklären, die von der leitenden Körperschaft vorgegeben werden. Sie halten Predigten, leiten Bibelstudien und stehen den Mitgliedern bei spirituellen Fragen und Problemen zur Seite.

Die Ältesten werden nicht durch Wahl oder formelle Qualifikationen bestimmt, sondern aufgrund ihrer spirituellen Reife, ihres biblischen Wissens und ihrer moralischen Integrität ernannt. Die Auswahl erfolgt durch die leitende Körperschaft, die Empfehlungen von bestehenden Ältesten und Dienstamtgehilfen berücksichtigt. Dieser Prozess stellt sicher, dass nur diejenigen, die als geistlich qualifiziert gelten, in diese Führungspositionen gelangen.

Ein weiterer wichtiger Aspekt der Rolle der Ältesten ist die seelsorgerische Betreuung der Mitglieder. Sie besuchen Kranke, unterstützen Trauernde und helfen denen, die persönliche oder geistliche Herausforderungen bewältigen müssen. Diese pastoralen Aufgaben sind entscheidend für den Zusammenhalt und das Gemeinschaftsgefühl innerhalb der Versammlung.

Rolle der Dienstamtgehilfen

Die Dienstamtgehilfen unterstützen die Ältesten in ihren Aufgaben und sorgen dafür, dass die organisatorischen und administrativen Aspekte der Versammlung reibungslos funktionieren. Sie kümmern sich um technische und logistische Angelegenheiten, wie die Wartung der Versammlungsräume, die Organisation von Veranstaltungen und die Verteilung von Literatur.

Dienstamtgehilfen spielen auch eine wichtige Rolle in der missionarischen Arbeit der Zeugen Jehovas. Sie koordinieren die Haus-zu-Haus-Besuche und andere evangelistische Aktivitäten, die darauf abzielen, neue Mitglieder zu gewinnen und die Botschaft der Zeugen Jehovas zu verbreiten. Diese Aktivitäten sind ein zentraler Bestandteil der Glaubenspraxis und werden mit großem Eifer und Engagement durchgeführt.

Wie die Ältesten werden auch die Dienstamtgehilfen aufgrund ihrer spirituellen Qualitäten und ihres Engagements für die Gemeinschaft ernannt. Ihre Unterstützung ist unerlässlich für das Funktionieren der Versammlungen und trägt dazu bei, dass die Zeugen Jehovas ihre missionarischen und organisatorischen Ziele erreichen können.

Koordinierung und Kommunikation

Die Hierarchie und die Führungsstruktur der Zeugen Jehovas sind auf eine effiziente Koordination und Kommunikation angewiesen. Die leitende Körperschaft nutzt eine Vielzahl von Kanälen, um Anweisungen und Informationen an die Zweigbüros, Versammlungen und Einzelpersonen weiterzugeben. Dies umfasst gedruckte Publikationen, Online-Plattformen und regelmäßige Versammlungen und Kongresse.

Ein zentrales Mittel der Kommunikation ist die Veröffentlichung von Schriften wie dem ›Wachtturm‹ und ›Erwachet!‹, die sowohl theologische Artikel als auch praktische Ratschläge für das tägliche Leben der Gläubigen enthalten. Diese Publikationen werden weltweit in zahlreichen Sprachen gedruckt und verteilt, was die globale Kohärenz und Einheit der Bewegung fördert.

Die regelmäßigen Kongresse und Versammlungen bieten eine Plattform für die Gemeinschaft, um sich zu versammeln, sich spirituell zu stärken und sich über aktuelle Entwicklungen und Anweisungen zu informieren. Diese Veranstaltungen sind wichtige Gelegenheiten für die Mitglieder, ihre Bindung zur Organisation zu festigen und ihre Rolle innerhalb der Gemeinschaft zu verstehen.

Fazit:

Die Struktur der Zeugen Jehovas ist ein komplexes und gut organisiertes System, das auf einer klaren Hierarchie und spezifischen Rollen basiert. Die leitende Körperschaft, die Zweigbüros, die Ältesten und die Dienstamtgehilfen arbeiten zusammen, um die Glaubenslehren zu verbreiten, die Gemeinschaft zu betreuen und die organisatorischen Ziele zu erreichen. Diese Struktur hat es den Zeugen Jehovas ermöglicht, eine global einheitliche und effektive Organisation zu entwickeln, die ihre missionarischen und spirituellen Ziele konsequent verfolgt. Die Klarheit der Führungsrollen und die effiziente Kommunikation innerhalb der Organisation sind Schlüsselfaktoren für den Erfolg und die Beständigkeit der Zeugen Jehovas in der modernen Welt.

Glaubenslehren und Praktiken

Grundlegende Überzeugungen

Die Glaubenslehren der Zeugen Jehovas sind geprägt von einer einzigartigen Interpretation der Bibel, die sich in mehreren grundlegenden Überzeugungen manifestiert. Diese Überzeugungen sind das Fundament ihres Glaubens und bestimmen sowohl ihre religiösen Praktiken als auch ihr alltägliches Leben. Eine der zentralen Lehren der Zeugen Jehovas ist die Auffassung, dass die Bibel das unfehlbare Wort Gottes ist und als solche wörtlich genommen und strikt befolgt werden muss.

Eine der auffälligsten und für die Zeugen Jehovas charakteristischsten Überzeugungen ist der Glaube an die Einzigartigkeit Gottes, den sie Jehova nennen. Anders als die meisten christlichen Konfessionen lehnen die Zeugen Jehovas die Trinitätslehre ab, die besagt, dass Gott in drei Personen - Vater, Sohn und Heiliger Geist - existiert. Sie glauben stattdessen, dass Jehova der alleinige Gott ist und dass Jesus Christus sein erster und einzig erschaffener Sohn ist, der nicht Teil einer göttlichen Dreieinigkeit ist.

Ein weiterer zentraler Glaubenssatz ist die Überzeugung, dass das Königreich Gottes eine reale Regierung im Himmel ist, die bald über die Erde herrschen wird. Diese Herrschaft wird durch Jesus Christus als König ausgeübt, der gemäß den Prophezeiungen in der Bibel seit 1914 regiert. Die Zeugen Jehovas erwarten, dass diese himmlische Regierung alle menschlichen Regierungen ersetzen und eine gerechte und friedliche Weltordnung schaffen wird.

Besonderheiten und Unterschiede zu anderen christlichen Gruppen

Die Zeugen Jehovas unterscheiden sich in mehreren wesentlichen Punkten von anderen christlichen Gruppen, was oft zu Missverständnissen und Konflikten führt. Eine dieser Besonderheiten ist ihre strikte Neutralität in politischen Angelegenheiten. Sie beteiligen sich weder an Wahlen noch an militärischen Aktivitäten und verweigern den Kriegsdienst. Diese Haltung beruht auf ihrer Interpretation der Bibel, die sie auffordert, sich nicht in die Angelegenheiten der Welt einzumischen und allein Gottes Königreich zu unterstützen.

Ein weiteres markantes Merkmal ist ihre Weigerung, Bluttransfusionen anzunehmen. Diese Praxis basiert auf biblischen Geboten aus dem Alten und Neuen Testament, die das Verzehren von Blut verbieten. Die Zeugen Jehovas deuten diese Gebote so, dass sie nicht nur den Verzehr, sondern auch die medizinische Verwendung von Blut einschließen. Diese Überzeugung hat zu erheblichen Kontroversen und rechtlichen Auseinandersetzungen geführt, insbesondere in Fällen, in denen es um das Leben von Kindern geht.

Die missionarische Tätigkeit ist ein zentrales Element des Lebens der Zeugen Jehovas. Sie betrachten es als ihre Pflicht, die Botschaft von Gottes Königreich zu verbreiten und andere Menschen zu lehren. Dies tun sie durch das regelmäßige Abhalten von Haus-zu-Haus-Besuchen, bei denen sie religiöse Literatur verteilen und Gespräche über ihren Glauben führen. Diese Praxis unterscheidet sie deutlich von vielen anderen christlichen Gruppen, die sich eher auf Gemeindearbeit und innerkirchliche Aktivitäten konzentrieren.

Auch die Art und Weise, wie die Zeugen Jehovas ihre Gottesdienste und religiösen Versammlungen organisieren, weicht von der Praxis anderer christlicher Gruppen ab. Ihre Versammlungen, die in Königreichssälen stattfinden, sind durch eine einfache und nüchterne Gestaltung geprägt. Es gibt keine kirchlichen Symbole wie Kreuze oder Heiligenbilder, und die Anbetung ist darauf ausgerichtet, die Bibel zu studieren und ihre Lehren zu verstehen. Musik spielt eine Rolle, aber es gibt keine Chöre oder Orgeln; stattdessen singen die Versammelten gemeinsam einfache Lieder.

Gemeinschaft und Lebensweise

Die Gemeinschaft der Zeugen Jehovas ist stark auf gegenseitige Unterstützung und gemeinsame Werte ausgerichtet. Die Mitglieder betrachten sich als Brüder und Schwestern und legen großen Wert auf ein moralisch reines und biblisch orientiertes Leben. Sie vermeiden Praktiken und Verhaltensweisen, die sie als unvereinbar mit ihrer Interpretation der Bibel betrachten, wie zum Beispiel das Feiern von Geburtstagen und traditionellen christlichen Feiertagen wie Weihnachten und Ostern. Diese Feste haben ihrer Ansicht nach heidnische Ursprünge und sind deshalb nicht mit der wahren Anbetung Gottes vereinbar.

Ein weiteres wichtiges Merkmal der Gemeinschaft der Zeugen Jehovas ist die Praxis der Ältesten und Dienstamtgehilfen, die in jeder Versammlung eine Rolle spielen. Diese Männer übernehmen Führungs- und Seelsorgeaufgaben und sorgen dafür, dass die Lehren und Anweisungen der leitenden Körperschaft umgesetzt werden. Ihre Aufgabe umfasst auch die Schlichtung von Streitigkeiten innerhalb der Gemeinde und die Durchführung von Disziplinarmaßnahmen, wenn Mitglieder gegen die Glaubensregeln verstoßen.

Fazit:

Die Glaubenslehren und Praktiken der Zeugen Jehovas bilden ein kohärentes und streng durchorganisiertes System, das sich durch seine besondere Interpretation der Bibel und seine klare Abgrenzung von anderen christlichen Gruppen auszeichnet. Diese einzigartige religiöse Identität hat sowohl zu einer engen Gemeinschaft innerhalb der Organisation als auch zu Spannungen und Konflikten mit der Außenwelt geführt.

Durch ihre Überzeugungen und ihre Lebensweise streben die Zeugen Jehovas danach, ein Leben zu führen, das ihrer Ansicht nach den Anforderungen Gottes entspricht. Diese Hingabe und der unerschütterliche Glaube an ihre Mission prägen das tägliche Leben der Zeugen Jehovas und machen sie zu einer der bemerkenswertesten und am meisten diskutierten religiösen Bewegungen der Gegenwart.

Missionarische Aktivitäten und Öffentlichkeitsarbeit

Die Missionarische Aufgabe

Ein zentraler Aspekt der Zeugen Jehovas ist ihr starkes Engagement in der Missionierung. Ihre Überzeugung, dass sie die einzig wahre Botschaft Gottes verkünden, treibt sie an, diese Botschaft aktiv zu verbreiten. Die Zeugen Jehovas sehen es als ihre heilige Pflicht an, andere Menschen über Gottes Königreich und seine bevorstehende Herrschaft zu informieren. Diese Mission wird nicht nur als ein Teil des persönlichen Glaubenslebens verstanden, sondern auch als ein kollektiver Auftrag, der von jedem Mitglied der Gemeinschaft erwartet wird.

Methoden der Missionierung

Die bekannteste und charakteristischste Methode der Missionierung durch die Zeugen Jehovas ist der Haus-zu-Haus-Besuch. Diese Praxis, oft auch als ›Dienst im Gebiet‹ bezeichnet, ist ein integraler Bestandteil ihrer religiösen Aktivitäten. Mitglieder gehen von Tür zu Tür, um mit Menschen über ihren Glauben zu sprechen, religiöse Literatur zu verteilen und biblische Studien anzubieten. Diese Methode ist tief in ihrer Geschichte verwurzelt und geht auf die frühen Tage der Bewegung zurück, als Charles Taze Russell und seine Anhänger begannen, ihre Botschaft aktiv zu verbreiten.

Die Haus-zu-Haus-Besuche werden systematisch und organisiert durchgeführt. Die Zeugen Jehovas teilen ihre Gemeinden in Gebiete auf und stellen sicher, dass jedes Gebiet regelmäßig besucht wird. Diese Besuche sind in der Regel freundlich und respektvoll, obwohl sie nicht selten auf Ablehnung stoßen. Die Zeugen Jehovas sind darauf trainiert, mit solcher Ablehnung umzugehen und ihre Mission trotz Widerständen fortzusetzen.

Verwendung von Literatur

Ein weiterer entscheidender Faktor für den missionarischen Erfolg der Zeugen Jehovas ist die extensive Nutzung von Literatur. Die Publikationen der Watch Tower Bible and Tract Society, einschließlich der Zeitschriften ›Der Wachtturm‹ und ›Erwachet!‹, spielen eine zentrale Rolle in der Verbreitung ihrer Lehren. Diese Zeitschriften sind in zahlreichen Sprachen verfügbar und erreichen Millionen von Lesern weltweit. Sie behandeln eine Vielzahl von Themen, von biblischen Prophezeiungen und moralischen Lehren bis hin zu aktuellen Ereignissen, die aus der Sicht der Zeugen Jehovas interpretiert werden.

Die Literatur wird nicht nur während der Haus-zu-Haus-Besuche verteilt, sondern auch an öffentlichen Plätzen wie Bahnhöfen, Einkaufszentren und auf Straßenständen. Diese Stände, die oft von Freiwilligen betreut werden, sind ein vertrauter Anblick in vielen Städten weltweit. Sie bieten Passanten die Möglichkeit, sich über die Lehren der Zeugen Jehovas zu informieren und Fragen zu stellen.

Neben Zeitschriften und Traktaten veröffentlichen die Zeugen Jehovas auch Bücher und Broschüren, die tiefere Einblicke in ihre Glaubenslehren und biblischen Interpretationen bieten. Diese Publikationen sind so gestaltet, dass sie sowohl für Mitglieder als auch für Interessierte zugänglich und verständlich sind. Sie dienen als Werkzeuge für das persönliche Studium und die Glaubensverbreitung.

Einsatz moderner Medien

In den letzten Jahrzehnten haben die Zeugen Jehovas ihre Missionierungsstrategien an die technologischen Entwicklungen angepasst. Die Nutzung des Internets und digitaler Medien hat eine neue Dimension der Öffentlichkeitsarbeit eröffnet. Ihre offizielle Website, jw.org, bietet eine Fülle von Ressourcen, darunter Artikel, Videos, Podcasts und interaktive Bibelstudien. Diese Inhalte sind kostenlos zugänglich und in vielen Sprachen verfügbar, was die weltweite Reichweite ihrer Botschaft erheblich erweitert hat.

Die Zeugen Jehovas nutzen auch soziale Medien, um ihre Lehren zu verbreiten und mit Interessierten in Kontakt zu treten. Videos und Online-Seminare werden regelmäßig produziert und über Plattformen wie YouTube und andere soziale Netzwerke geteilt. Diese digitalen Bemühungen sind besonders wichtig in Regionen, in denen der traditionelle Haus-zu-Haus-

Dienst aufgrund von gesetzlichen oder kulturellen Barrieren eingeschränkt ist.

Öffentlichkeitsarbeit und Imagepflege

Neben der direkten Missionierung betreiben die Zeugen Jehovas auch gezielte Öffentlichkeitsarbeit, um ihr Image in der Gesellschaft zu verbessern und Missverständnisse über ihre Glaubensgemeinschaft auszuräumen. Sie organisieren Kongresse und große Veranstaltungen, zu denen auch Nicht-Mitglieder eingeladen sind. Diese Veranstaltungen bieten Einblicke in ihre Glaubenspraktiken und ermöglichen es der Öffentlichkeit, mehr über die Zeugen Jehovas zu erfahren.

Ein weiterer wichtiger Aspekt ihrer Öffentlichkeitsarbeit ist die Reaktion auf Kritik und Kontroversen. Die Zeugen Jehovas sind sich der häufigen Missverständnisse und der manchmal negativen Berichterstattung in den Medien bewusst. Sie bemühen sich aktiv, ihre Positionen zu erklären und falsche Informationen zu korrigieren. Dabei legen sie Wert auf eine ruhige und sachliche Darstellung ihrer Ansichten.

Fazit:

Die missionarischen Aktivitäten und die Öffentlichkeitsarbeit der Zeugen Jehovas sind durch einen bemerkenswerten Einsatz und eine hohe Organisationsstufe gekennzeichnet. Von den traditionellen Haus-zu-Haus-Besuchen über die umfangreiche Nutzung von Literatur bis hin zur modernen digitalen Präsenz nutzen sie eine Vielzahl von Methoden, um ihre Botschaft zu verbreiten. Diese Aktivitäten sind tief in ihrem Glaubenssystem verwurzelt und spiegeln ihr Verständnis wider, dass sie eine einzigartige und dringende Botschaft haben, die die Welt hören muss. Trotz der Herausforderungen und Widerstände bleiben die Zeugen Jehovas entschlossen in ihrer Mission, die Botschaft von Gottes Königreich zu verbreiten und Menschen zu gewinnen, die diese Botschaft annehmen möchten.

Kontroversen und Kritik

Hauptkritikpunkte und Vorwürfe

Die Zeugen Jehovas sind seit ihrer Gründung immer wieder Gegenstand von Kontroversen und Kritik gewesen. Diese Kritik richtet sich gegen verschiedene Aspekte ihrer Lehren, Praktiken und Organisationsstrukturen. Zu den Hauptkritikpunkten gehören ihre strikte Glaubensinterpretation, ihr Umgang mit abweichenden Meinungen, ihre Haltung gegenüber medizinischen Behandlungen wie Bluttransfusionen, und ihr Umgang mit ehemaligen Mitgliedern.

Einer der am häufigsten vorgebrachten Kritikpunkte betrifft die exklusive Wahrheit beanspruchende Haltung der Zeugen Jehovas. Sie lehren, dass nur sie die wahre Interpretation der Bibel besitzen und dass nur ihre Mitglieder die Aussicht auf ewiges Leben haben. Diese exklusive Haltung führt oft zu Spannungen und Konflikten mit anderen religiösen Gruppen und der Gesellschaft insgesamt.

Ein weiterer bedeutender Kritikpunkt ist der Umgang der Zeugen Jehovas mit abweichenden Meinungen innerhalb ihrer Gemeinschaft. Mitglieder, die abweichende Glaubensansichten äußern oder kritische Fragen stellen, können als Abtrünnige betrachtet und ausgeschlossen werden. Dieser Ausschluss, auch als ›Disfellowshipping‹ bekannt, hat zur Folge, dass die be-

troffenen Personen von ihren Familien und Freunden innerhalb der Gemeinschaft gemieden werden müssen. Diese Praxis
führt oft zu schweren emotionalen und sozialen Belastungen
für die Ausgeschlossenen.

Die Ablehnung von Bluttransfusionen ist ein weiterer großer
Streitpunkt. Die Zeugen Jehovas interpretieren bestimmte Bibelstellen dahingehend, dass sie keine Bluttransfusionen akzeptieren dürfen. Diese Haltung hat zu erheblichen Konflikten mit
dem medizinischen Establishment geführt, insbesondere wenn
es um die Behandlung von Kindern geht. Kritiker argumentieren, dass diese Praxis lebensgefährlich sein kann und dass es
unverantwortlich ist, medizinische Eingriffe abzulehnen, die
das Leben retten könnten.

Zusätzlich gibt es Vorwürfe hinsichtlich des Umgangs mit
Missbrauchsfällen innerhalb der Gemeinschaft. Kritiker werfen
den Zeugen Jehovas vor, Missbrauchsvorwürfe nicht angemes-
sen zu behandeln und die betroffenen Opfer nicht ausreichend
zu schützen. Es gibt Berichte, dass Missbrauchsvorwürfe intern
behandelt und oft nicht den staatlichen Behörden gemeldet
werden, was zu weiteren Kontroversen und rechtlichen Auseinandersetzungen geführt hat.

Reaktionen und Verteidigungen der Zeugen Jehovas

Die Zeugen Jehovas haben auf diese Kritikpunkte und Vorwürfe in verschiedener Weise reagiert. Ihre Reaktionen und
Verteidigungen sind oft von ihrem Verständnis der Bibel und

ihrer Überzeugung, dass sie die wahre Religion vertreten, geprägt.

In Bezug auf die exklusive Wahrheit beanspruchende Haltung argumentieren die Zeugen Jehovas, dass ihre Interpretation der Bibel auf gründlichen Studien und einer tiefen spirituellen Überzeugung basiert. Sie sehen ihre Mission darin, die Botschaft Gottes in ihrer reinsten Form zu verbreiten, und glauben, dass ihre Lehren den Menschen den Weg zur Erlösung weisen. Diese Überzeugung stärkt ihre Gemeinschaft und gibt ihnen einen klaren Sinn und Zweck.

Der Umgang mit abweichenden Meinungen und die Praxis des Ausschlusses werden von den Zeugen Jehovas als notwendige Maßnahmen zum Schutz der spirituellen Reinheit und Einheit der Gemeinschaft verteidigt. Sie argumentieren, dass die Bibel klare Anweisungen zum Umgang mit ›sündhaften‹ Verhaltensweisen gibt und dass der Ausschluss eine Form der Disziplin ist, die darauf abzielt, den Betroffenen zur Reue zu bewegen. Sie betonen, dass diese Praxis auch im Interesse der Gemeinschaft sei, um den Glauben und die Moral zu bewahren.

Hinsichtlich der Bluttransfusionen verteidigen die Zeugen Jehovas ihre Haltung mit dem Argument, dass sie der Bibel treu bleiben müssen, selbst wenn dies persönliche Opfer erfordert. Sie betonen, dass es alternative medizinische Verfahren gibt, die ohne den Einsatz von Fremdblut auskommen, und arbeiten eng mit medizinischen Einrichtungen zusammen, um solche

Alternativen zu fördern. Sie sehen ihre Haltung nicht als Ablehnung der modernen Medizin, sondern als Ausdruck ihres Glaubens und ihrer religiösen Freiheit.

Im Umgang mit Missbrauchsvorwürfen haben die Zeugen Jehovas in den letzten Jahren Schritte unternommen, um ihre Vorgehensweisen zu verbessern. Sie betonen, dass sie Missbrauch verurteilen und den Opfern helfen wollen. Es wurden Richtlinien eingeführt, um Missbrauchsfälle angemessener zu behandeln und sicherzustellen, dass Verdachtsfälle den staatlichen Behörden gemeldet werden. Dennoch bleibt dies ein sensibles und umstrittenes Thema, das weiterhin kritische Aufmerksamkeit erfordert.

Fazit:

Kontroversen und Kritik sind untrennbar mit der Geschichte und Entwicklung der Zeugen Jehovas verbunden. Die Hauptkritikpunkte umfassen ihre exklusive Glaubenshaltung, den Umgang mit abweichenden Meinungen, die Ablehnung von Bluttransfusionen und den Umgang mit Missbrauchsfällen. Die Reaktionen und Verteidigungen der Zeugen Jehovas spiegeln ihre tiefe Überzeugung wider, dass sie die wahre Religion vertreten und ihre Lehren und Praktiken biblisch fundiert sind. Diese Überzeugung gibt ihnen die Kraft und Entschlossenheit, trotz der Herausforderungen und Widerstände ihren Glauben und ihre Mission fortzusetzen.

Soziale und kulturelle Aspekte

Lebensstil und tägliche Praktiken

Der Lebensstil der Zeugen Jehovas unterscheidet sich in vielerlei Hinsicht von dem der allgemeinen Bevölkerung. Ihre täglichen Praktiken und der Umgang miteinander sind tief in ihren Glaubenslehren verwurzelt, was sich auf alle Aspekte ihres Lebens auswirkt. Diese Glaubensgemeinschaft legt großen Wert auf ein moralisch reines Leben, das sich durch bestimmte Verhaltensweisen und Prinzipien auszeichnet.

Ein zentrales Element im Leben der Zeugen Jehovas ist der regelmäßige Besuch von Zusammenkünften, die in Königreichssälen stattfinden. Diese Zusammenkünfte beinhalten biblische Vorträge, gemeinsames Bibelstudium und das Üben von missionarischen Tätigkeiten. Für die Mitglieder sind diese Zusammenkünfte nicht nur spirituelle Höhepunkte, sondern auch soziale Ereignisse, bei denen Gemeinschaft und Zusammenhalt gestärkt werden.

Neben den Zusammenkünften spielen persönliche Bibelstudien eine wichtige Rolle. Zeugen Jehovas widmen täglich Zeit dem Studium der Bibel und religiöser Publikationen, wie dem ›Wachtturm‹ und ›Erwachet!‹. Diese Studien sollen das Verständnis und die Anwendung der biblischen Lehren im täglichen Leben fördern. Durch dieses ständige Lernen und Reflektieren wird der Glaube der Mitglieder gefestigt und ihre Lebensweise entsprechend geprägt.

Missionarische Aktivitäten sind ein weiterer zentraler Bestandteil des Lebensstils der Zeugen Jehovas. Die Mitglieder engagieren sich aktiv im Predigtdienst, indem sie von Haus zu Haus gehen, Literatur verteilen und Gespräche über ihren Glauben führen. Diese Missionierung ist nicht nur ein Ausdruck ihres Glaubens, sondern auch eine Verpflichtung, die sie ernst nehmen. Die regelmäßige Beteiligung an diesen Aktivitäten ist für viele Zeugen Jehovas eine Selbstverständlichkeit und wird oft als bedeutungsvoll und erfüllend empfunden.

Die moralischen und ethischen Grundsätze der Zeugen Jehovas beeinflussen auch ihre Freizeitgestaltung und den Konsum von Medien. Sie meiden Unterhaltungsangebote, die sie als gewalttätig, unmoralisch oder spirituell schädlich betrachten. Dies betrifft nicht nur Filme und Fernsehsendungen, sondern auch Literatur und Musik. Stattdessen bevorzugen sie Aktivitäten, die mit ihren Glaubensprinzipien im Einklang stehen, wie das gemeinsame Studium religiöser Schriften oder das Engagement in gemeinnützigen Projekten.

Einfluss auf Familienleben und persönliche Beziehungen

Der Glaube der Zeugen Jehovas hat einen tiefgreifenden Einfluss auf das Familienleben und die persönlichen Beziehungen ihrer Mitglieder. Die Gemeinschaft legt großen Wert auf die Familie als grundlegende Einheit und sieht die Bibel als Leitfaden für familiäre Beziehungen. Dies zeigt sich in den Rollen und Verantwortlichkeiten innerhalb der Familie sowie in der Art und Weise, wie Konflikte und Herausforderungen bewältigt werden.

In einer typischen Familie der Zeugen Jehovas wird erwartet, dass der Ehemann und Vater als geistliches Oberhaupt fungiert. Er trägt die Verantwortung, seine Familie in biblischen Lehren zu unterweisen und ein moralisches Vorbild zu sein. Die Ehefrau und Mutter unterstützt ihren Ehemann in diesen Aufgaben und spielt eine zentrale Rolle bei der religiösen Erziehung der Kinder. Diese traditionellen Rollenbilder werden durch regelmäßige gemeinsame Bibelstudien und Gebete gefestigt.

Die Erziehung der Kinder ist stark von den Glaubensprinzipien geprägt. Zeugen Jehovas legen großen Wert darauf, ihren Kindern von klein auf die biblischen Lehren zu vermitteln und sie in einem Umfeld aufzuziehen, das den moralischen und spirituellen Werten der Gemeinschaft entspricht. Dies kann bedeuten, dass Kinder von Aktivitäten oder Veranstaltungen ferngehalten werden, die als nicht vereinbar mit dem Glauben angesehen werden, wie Geburtstagsfeiern oder bestimmte Feiertage, die von der Welt allgemein gefeiert werden.

Persönliche Beziehungen und Freundschaften außerhalb der Gemeinschaft werden mit Vorsicht betrachtet. Während Zeugen Jehovas höflich und respektvoll mit Nicht-Mitgliedern umgehen, wird enger Kontakt oft vermieden, um negative Einflüsse zu minimieren. Die Gemeinschaft fördert stattdessen den

Aufbau von Freundschaften und sozialen Netzwerken innerhalb der eigenen Reihen, was zu einem starken Zusammengehörigkeitsgefühl und sozialer Unterstützung führt.

Der Ausschluss von Mitgliedern, die sich nicht an die Regeln der Gemeinschaft halten, kann erhebliche Auswirkungen auf Familien und persönliche Beziehungen haben. Diese Praxis, bekannt als Disfellowshipping, führt dazu, dass betroffene Personen von allen sozialen Kontakten innerhalb der Gemeinschaft isoliert werden. Familienmitglieder müssen dann den Kontakt zu dem Ausgeschlossenen stark einschränken oder sogar abbrechen, was zu erheblichen emotionalen Belastungen führen kann.

Fazit:

Der Lebensstil und die täglichen Praktiken der Zeugen Jehovas sind tief in ihrem Glauben verankert und haben einen weitreichenden Einfluss auf ihr Familienleben und ihre persönlichen Beziehungen. Ihre Hingabe an biblische Lehren und moralische Prinzipien prägt alle Aspekte ihres Lebens, von der Freizeitgestaltung bis hin zu sozialen Interaktionen. Die starke Betonung auf Gemeinschaft und das missionarische Engagement tragen zu einem engen Zusammenhalt innerhalb der Glaubensgemeinschaft bei, während der Umgang mit abweichenden Meinungen und der Ausschluss von Mitgliedern sowohl Herausforderungen als auch Kontroversen mit sich bringt.

Bluttransfusionen und medizinische Kontroversen

Haltung zu Bluttransfusionen

Die Haltung der Zeugen Jehovas zu Bluttransfusionen ist eines der bekanntesten und zugleich umstrittensten Glaubensprinzipien dieser religiösen Gruppe. Dieses Prinzip beruht auf einer spezifischen Interpretation biblischer Gebote und hat weitreichende Auswirkungen auf die medizinische Versorgung ihrer Mitglieder.

> Die Zeugen Jehovas lehnen Bluttransfusionen kategorisch ab, weil sie glauben, dass die Bibel den Verzehr von Blut verbietet. Diese Überzeugung stützt sich vor allem auf Bibelstellen wie 1. Mose 9:4 (›Nur Fleisch mit seiner Seele – seinem Blut – sollt ihr nicht essen.‹), 3. Mose 17:10-14 und Apostelgeschichte 15:28-29. In ihrer Auslegung bedeutet ›sich vom Blut zu enthalten‹ nicht nur, es nicht zu essen, sondern auch, es nicht in den Körper aufzunehmen, sei es durch Nahrung oder durch medizinische Verfahren wie Bluttransfusionen.

Dieses Verbot umfasst nicht nur ganze Bluttransfusionen, sondern auch die vier Hauptbestandteile des Blutes: rote Blutkörperchen, weiße Blutkörperchen, Blutplättchen und Plasma. Der Glaube, dass das Blut heilig ist und nicht in den Körper eines anderen Menschen gelangen sollte, ist tief in der religiösen Identität der Zeugen Jehovas verwurzelt und wird als Ausdruck des Gehorsams gegenüber Gott betrachtet.

Auswirkungen auf die medizinische Versorgung

Die Ablehnung von Bluttransfusionen hat erhebliche Auswirkungen auf die medizinische Versorgung von Zeugen Jehovas, insbesondere in Situationen, in denen eine Bluttransfusion als lebensrettende Maßnahme angesehen wird. Diese Haltung führt oft zu komplexen ethischen und medizinischen Herausforderungen für Ärzte, Krankenhäuser und die betroffenen Familien.

Um den religiösen Überzeugungen ihrer Mitglieder gerecht zu werden und gleichzeitig eine angemessene medizinische Versorgung zu gewährleisten, haben Zeugen Jehovas weltweit Netzwerke von Ärzten und Krankenhäusern aufgebaut, die auf sogenannte ›blutsparende‹ medizinische Techniken spezialisiert sind. Diese Techniken umfassen eine Vielzahl von Methoden, wie die Verwendung von Volumenersatzmitteln, die intraoperative Blutgewinnung und -rückgabe sowie die Förderung der Eigenblutspende vor geplanten Operationen.

Ein besonders wichtiger Aspekt der medizinischen Versorgung für Zeugen Jehovas ist die präoperative Planung. Ärzte und Chirurgen, die mit dieser Patientengruppe arbeiten, müssen sorgfältig planen und alternative Strategien entwickeln, um den Blutverlust während und nach Operationen zu minimieren. Dazu gehören minimalinvasive chirurgische Techniken, die Verwendung von Medikamenten zur Reduktion des Blutverlustes und die genaue Überwachung der Blutwerte.

Obwohl diese Ansätze oft erfolgreich sind, gibt es Situationen, in denen der Verzicht auf Bluttransfusionen das Risiko für den Patienten erhöht. In solchen Fällen müssen Ärzte und Patienten gemeinsam abwägen, welche medizinischen Maßnahmen ergriffen werden können, um das Leben zu retten, ohne die religiösen Überzeugungen zu verletzen. Diese Entscheidungen sind häufig komplex und emotional belastend, da sie nicht nur medizinische, sondern auch ethische und religiöse Aspekte berücksichtigen müssen.

Ethische und rechtliche Herausforderungen

Die Ablehnung von Bluttransfusionen durch Zeugen Jehovas wirft auch ethische und rechtliche Fragen auf, insbesondere im Hinblick auf die Behandlung minderjähriger Patienten. In vielen Ländern haben Gerichte in Fällen entschieden, in denen Eltern eine Bluttransfusion für ihre Kinder ablehnten, und dabei das Wohl des Kindes über die religiösen Überzeugungen der Eltern gestellt. Diese Entscheidungen basieren auf dem Prinzip, dass das Leben und die Gesundheit des Kindes Vorrang haben, wenn eine lebensbedrohliche Situation vorliegt.

Solche Fälle sind oft Gegenstand intensiver öffentlicher Debatten und medialer Aufmerksamkeit, da sie die Spannungen zwischen religiöser Freiheit und dem staatlichen Interesse am Schutz von Leben und Gesundheit aufzeigen. Krankenhäuser und medizinisches Personal stehen in diesen Situationen vor der schwierigen Aufgabe, den rechtlichen Vorgaben zu folgen und gleichzeitig die religiösen Überzeugungen der Familie zu respektieren.

Zeugen Jehovas haben als Reaktion auf diese Herausforderungen spezialisierte Krankenhausverbindungsbüros eingerichtet, die in solchen Situationen als Vermittler fungieren. Diese Büros arbeiten eng mit medizinischen Einrichtungen zusammen, um sicherzustellen, dass die religiösen Überzeugungen der Patienten berücksichtigt werden und gleichzeitig alternative medizinische Lösungen gefunden werden können.

Fazit:

Die Haltung der Zeugen Jehovas zu Bluttransfusionen ist ein deutliches Beispiel dafür, wie tief religiöse Überzeugungen in das Leben und die Entscheidungen der Mitglieder dieser Gemeinschaft eingreifen. Diese Überzeugung führt zu einzigartigen medizinischen, ethischen und rechtlichen Herausforderungen, die eine sorgfältige und respektvolle Auseinandersetzung erfordern. Durch die Entwicklung von blutsparenden medizinischen Techniken und die enge Zusammenarbeit zwischen Ärzten und Krankenhausverbindungsbüros bemühen sich Zeugen Jehovas, ihren Glauben zu leben und gleichzeitig eine angemessene medizinische Versorgung zu gewährleisten.

Gerichtliche Auseinandersetzungen und rechtliche Anerkennung

Wichtige Gerichtsentscheidungen

Die Geschichte der Zeugen Jehovas ist geprägt von zahlreichen gerichtlichen Auseinandersetzungen, die entscheidend zur rechtlichen Anerkennung und zum Schutz ihrer Religionsfreiheit beigetragen haben. Diese Auseinandersetzungen spiegeln den oft schwierigen Weg wider, den diese Gemeinschaft gehen musste, um ihre Glaubenspraktiken ausüben zu können.

Einer der bedeutendsten Fälle in den USA war West Virginia State Board of Education v. Barnette im Jahr 1943. Dieser Fall betraf die Pflicht für Schüler, den Treueschwur auf die amerikanische Flagge zu leisten, was die Zeugen Jehovas aufgrund ihres Glaubens ablehnten. Das Oberste Gericht der USA entschied zugunsten der Zeugen Jehovas und erklärte, dass der Staat die Bürger nicht zwingen könne, gegen ihre religiösen Überzeugungen zu handeln. Dieses Urteil war ein Meilenstein für die Religionsfreiheit und festigte die Rechte von Minderheitsreligionen in den USA.

Ein weiteres bedeutendes Urteil war Cantwell v. Connecticut im Jahr 1940. In diesem Fall ging es um die Verhaftung von Zeugen Jehovas, die ohne Genehmigung von Tür zu Tür predigten. Das Oberste Gericht entschied, dass das Gesetz, das eine Genehmigung für das Predigen erforderte, gegen den ersten Verfassungszusatz verstoße, der die freie Religionsausübung schützt. Dieses Urteil stärkte die Rechte der Zeugen Jehovas, ihre Missionstätigkeit ohne staatliche Einmischung durchzuführen.

In Deutschland spielte der Fall der Zeugen Jehovas während des Dritten Reiches eine zentrale Rolle. Die Weigerung, sich den nationalsozialistischen Ideologien zu beugen, führte zur Verfolgung und Internierung vieler Mitglieder in Konzentrationslagern. Nach dem Krieg kämpften die Zeugen Jehovas um die rechtliche Anerkennung als Religionsgemeinschaft. 2005 entschied das Bundesverfassungsgericht, dass die Zeugen Jehovas die gleichen Rechte wie andere religiöse Gemeinschaften genießen und rechtlich als Körperschaft des öffentlichen Rechts anerkannt werden sollten. Dieses Urteil war das Ergebnis eines langen juristischen Kampfes und sicherte den Zeugen Jehovas in Deutschland weitreichende religiöse Rechte.

Rechtliche Herausforderungen und Anerkennung in verschiedenen Ländern

Die rechtliche Anerkennung der Zeugen Jehovas variiert weltweit stark und ist oft das Ergebnis umfangreicher rechtlicher Auseinandersetzungen und Verhandlungen mit staatlichen Behörden. In einigen Ländern wurden sie als legitime religiöse Organisation anerkannt, während sie in anderen weiterhin rechtlichen und gesellschaftlichen Herausforderungen gegenüberstehen.

In Frankreich beispielsweise wurden die Zeugen Jehovas lange Zeit misstrauisch betrachtet und hatten Schwierigkeiten, die offizielle Anerkennung zu erlangen. Ein entscheidender Punkt war die Besteuerung ihrer Spenden. 2000 entschied das höchste Verwaltungsgericht, dass die Spenden der Zeugen Jehovas nicht steuerpflichtig seien, was eine wichtige Anerkennung ihrer religiösen Aktivitäten bedeutete. Dennoch bleiben die Zeugen Jehovas in Frankreich weiterhin unter besonderer Beobachtung und müssen sich immer wieder gegen Vorwürfe wehren, eine gefährliche Sekte zu sein.

In Russland hat die Regierung einen harten Kurs gegen die Zeugen Jehovas eingeschlagen. 2017 wurde die Organisation vom Obersten Gericht als extremistisch eingestuft und verboten. Dieses Urteil führte zu einer weitreichenden Verfolgung ihrer Mitglieder, einschließlich Verhaftungen und Beschlagnahmungen von Eigentum. Die Zeugen Jehovas kämpfen weiterhin auf internationaler Ebene um ihre Rechte und haben Beschwerden beim Europäischen Gerichtshof für Menschenrechte eingereicht, um die russischen Maßnahmen anzufechten.

In Japan genießen die Zeugen Jehovas hingegen eine weitgehende Akzeptanz und rechtliche Anerkennung. Sie sind offiziell als religiöse Körperschaft anerkannt und können ihre Glaubenspraktiken frei ausüben. Die japanische Gesellschaft, die generell religiöser Vielfalt gegenüber offen ist, ermöglicht den

Zeugen Jehovas, ihre Missionstätigkeit ungehindert durchzuführen und ihre Gemeinschaft zu stärken.

Fazit:

Die gerichtlichen Auseinandersetzungen und die rechtliche Anerkennung der Zeugen Jehovas spiegeln den oft steinigen Weg wider, den religiöse Minderheiten gehen müssen, um ihre Rechte zu sichern. Durch bedeutende Gerichtsentscheidungen in verschiedenen Ländern haben die Zeugen Jehovas wichtige Meilensteine in der Durchsetzung ihrer Religionsfreiheit erreicht. Trotz weiterhin bestehender Herausforderungen und Widerstände in einigen Ländern bleibt ihr Engagement für die Wahrung ihrer Glaubenspraktiken und die Verteidigung ihrer Rechte unerschütterlich. Die Geschichte ihrer juristischen Kämpfe ist ein eindrucksvolles Zeugnis für die Bedeutung von Religionsfreiheit und die Notwendigkeit, diese Rechte weltweit zu schützen und zu fördern.

Die Zeugen Jehovas und die Politik

Haltung zur politischen Neutralität

Die Zeugen Jehovas sind weltweit für ihre strikte politische Neutralität bekannt. Diese Haltung entspringt ihrer Überzeugung, dass ihre Loyalität ausschließlich Gott gehört und dass sie sich daher nicht in die Angelegenheiten der weltlichen Regierungen einmischen dürfen. Diese Überzeugung basiert auf biblischen Prinzipien, die von den Zeugen Jehovas als fundamentale Anweisungen verstanden werden.

Ein zentraler biblischer Text, der die politische Neutralität der Zeugen Jehovas untermauert, findet sich in Johannes 17:16, wo Jesus sagt: »Sie sind kein Teil der Welt, wie auch ich kein Teil der Welt bin.« Für die Zeugen Jehovas bedeutet dies, dass sie sich nicht in politische Angelegenheiten einmischen und keine politischen Ämter anstreben dürfen.

Sie beteiligen sich nicht an Wahlen, Militärdiensten oder patriotischen Zeremonien wie dem Treueschwur oder dem Hissen der Flagge. Stattdessen sehen sie sich als Teil eines geistigen Königreichs unter der Herrschaft Jesu Christi.

Diese Haltung der politischen Neutralität wurde in der Geschichte der Zeugen Jehovas mehrfach auf die Probe gestellt. In totalitären Regimen wie dem nationalsozialistischen Deutschland und dem kommunistischen Osteuropa wurden die Zeugen Jehovas für ihre Verweigerung, staatliche Symbole zu verehren oder den Militärdienst zu leisten, verfolgt und inhaftiert. Ihre Standhaftigkeit in solchen Situationen hat ihnen sowohl Bewunderung als auch scharfe Kritik eingebracht.

Auswirkungen auf das Leben der Mitglieder

Die Verpflichtung zur politischen Neutralität hat tiefgreifende Auswirkungen auf das Leben der Mitglieder der Zeugen Jehovas. Einerseits führt diese Haltung zu einem klaren und kohärenten Lebensstil, der sich stark von dem der allgemeinen Gesellschaft unterscheidet. Andererseits bringt sie auch Herausforderungen und Spannungen mit sich, insbesondere in politischen oder gesellschaftlichen Krisenzeiten.

In demokratischen Ländern führt die Weigerung der Zeugen Jehovas, an Wahlen teilzunehmen, oft zu Missverständnissen und Kritik. Sie werden manchmal als unpatriotisch oder gleichgültig gegenüber sozialen und politischen Problemen angesehen. Für die Zeugen Jehovas ist diese Haltung jedoch ein Ausdruck ihrer Treue zu Gott und ihres Glaubens an die göttliche Lösung aller menschlichen Probleme durch das kommende Königreich Gottes. Ihre Neutralität bedeutet nicht, dass sie sich nicht für das Wohlergehen ihrer Mitmenschen interessieren; im Gegenteil, sie sind oft in gemeinnützigen und humanitären Projekten engagiert, solange diese mit ihren religiösen Überzeugungen im Einklang stehen.

Ein besonders herausfordernder Aspekt der politischen Neutralität zeigt sich im Bereich der Bildung. Kinder von Zeugen Jehovas werden oft in Situationen gebracht, in denen sie patriotische Rituale in der Schule ablehnen müssen, was zu Konflikten mit Lehrern und Mitschülern führen kann. Die Eltern und die Gemeinschaft der Zeugen Jehovas unterstützen die Kinder jedoch intensiv, um ihnen zu helfen, ihre Überzeugungen zu verteidigen und gleichzeitig respektvoll und höflich zu bleiben.

In autoritären Staaten kann die politische Neutralität der Zeugen Jehovas zu ernsten Konsequenzen führen. In Ländern, in denen die Loyalität gegenüber dem Staat und seinen Symbolen strikt eingefordert wird, stehen die Zeugen Jehovas oft vor harten Repressionen. Ihre Weigerung, sich militärisch oder politisch zu engagieren, wird als subversiv betrachtet und führt nicht selten zu Verhaftungen, Folter und langjährigen Gefängnisstrafen. Trotz dieser extremen Herausforderungen halten die Zeugen Jehovas an ihrer Überzeugung fest, was oft als Beweis ihrer tiefen religiösen Hingabe angesehen wird.

Ein weiterer Bereich, in dem die politische Neutralität eine Rolle spielt, ist die berufliche Karriere. Einige Berufe, insbesondere solche im öffentlichen Dienst oder im Militär, sind für Zeugen Jehovas aufgrund ihrer Neutralität unzugänglich. Diese Einschränkung kann die Berufswahl und die wirtschaftlichen Möglichkeiten der Mitglieder beeinflussen. Viele Zeugen Jehovas wählen daher Berufe, die mit ihren religiösen Prinzipien vereinbar sind, und setzen sich gleichzeitig dafür ein, ihre Arbeitskollegen und Arbeitgeber über ihre Überzeugungen zu informieren, um Missverständnisse zu vermeiden.

Fazit:

Die politische Neutralität der Zeugen Jehovas ist ein grundlegendes Element ihres Glaubens und ihrer Identität. Sie prägt nicht nur ihre theologischen Überzeugungen, sondern auch ihren Alltag und ihre Interaktionen mit der Gesellschaft. Trotz der damit verbundenen Herausforderungen und Spannungen bleiben die Zeugen Jehovas ihrer Neutralität treu, überzeugt davon, dass sie dadurch ihre Loyalität zu Gott zum Ausdruck bringen und ein Beispiel für andere setzen können. Ihre Geschichte und ihr Umgang mit politischen Fragen bieten wertvolle Einblicke in die Spannungen zwischen religiöser Überzeugung und staatlicher Autorität und werfen wichtige Fragen über die Grenzen und Möglichkeiten der Religionsfreiheit in modernen Gesellschaften auf.

Interne Dynamiken und Mitgliederstruktur

Mitgliedergewinnung und -Bindung

Die Mitgliedergewinnung und -bindung sind zentrale Aspekte der Aktivitäten der Zeugen Jehovas. Die Organisation legt großen Wert auf Missionierung und sieht es als ihre göttliche Pflicht, das ›Königreich Gottes‹ zu verkünden und Menschen zu bekehren. Die Missionierung erfolgt durch verschiedene Methoden, darunter Tür-zu-Tür-Besuche, Straßeneinsätze und die Verteilung von Literatur wie dem ›Wachtturm‹ und ›Erwachet!‹.

Ein wesentlicher Teil der Mitgliedergewinnung besteht darin, ein systematisches und gut organisiertes Vorgehen zu gewährleisten. Jedes Mitglied wird ermutigt, an der Missionierung teilzunehmen, und es gibt regelmäßige Schulungen und Versammlungen, um die Fähigkeiten der Mitglieder zu verbessern. Diese Aktivitäten sind nicht nur darauf ausgerichtet, neue Mitglieder zu gewinnen, sondern auch bestehende Mitglieder zu stärken und ihre Bindung zur Organisation zu festigen.

Die Bindung der Mitglieder erfolgt durch ein starkes Gemeinschaftsgefühl und die Betonung gemeinsamer Werte und Ziele. Die Zeugen Jehovas organisieren regelmäßige Versammlungen und Kongresse, bei denen die Mitglieder zusammenkommen, um ihre Erfahrungen zu teilen, sich gegenseitig zu ermutigen und ihre Kenntnisse zu vertiefen. Diese Zusammenkünfte stärken das Zugehörigkeitsgefühl und fördern die Loyalität zur Gemeinschaft.

Ein weiteres Mittel zur Mitgliederbindung ist die intensive Betreuung und Unterstützung durch die Ältesten und Dienstamtgehilfen. Diese Führungspersonen spielen eine entscheidende Rolle bei der geistigen und emotionalen Unterstützung der Mitglieder. Sie besuchen regelmäßig die Mitglieder, bieten seelsorgerische Hilfe an und unterstützen sie in schwierigen Lebenssituationen. Diese persönliche Betreuung trägt erheblich dazu bei, die Mitglieder in der Gemeinschaft zu halten und ihre Bindung zur Organisation zu stärken.

Rolle von Frauen und Jugendlichen

Die Rolle von Frauen und Jugendlichen innerhalb der Zeugen Jehovas ist ein weiterer wichtiger Aspekt der internen Dynamiken. Frauen und Jugendliche sind integraler Bestandteil der Gemeinschaft und spielen sowohl in der Missionierung als auch im alltäglichen Gemeindeleben eine bedeutende Rolle.

Frauen bei den Zeugen Jehovas sind in vielerlei Hinsicht aktiv und engagiert. Obwohl sie keine leitenden Ämter wie die Ältesten oder Dienstamtgehilfen innehaben können, sind sie dennoch in vielen organisatorischen und missionarischen Tätigkeiten involviert. Frauen beteiligen sich intensiv an der Tür-zu-Tür-Missionierung und der Verteilung von Literatur. Sie spielen auch eine wichtige Rolle in der Bildung und Erziehung ihrer Kinder im Glauben und in der Vorbereitung auf die Taufe.

In den Versammlungen und Kongressen haben Frauen oft die Möglichkeit, ihre Erfahrungen zu teilen und andere Mitglieder durch ihre persönlichen Geschichten zu ermutigen. Ihre Beiträge werden geschätzt und als wertvoller Bestandteil der gemeinschaftlichen Aktivitäten angesehen. Frauen übernehmen auch organisatorische Aufgaben, unterstützen bei der Vorbereitung und Durchführung von Versammlungen und engagieren sich in gemeinnützigen Projekten.

Jugendliche sind eine weitere zentrale Gruppe innerhalb der Zeugen Jehovas. Die Organisation legt großen Wert darauf, Jugendliche frühzeitig in die Gemeinschaft zu integrieren und sie im Glauben zu stärken. Es gibt spezielle Programme und Veranstaltungen für Jugendliche, bei denen sie in ihrem Glauben unterrichtet werden und die Möglichkeit haben, Freundschaften mit anderen Jugendlichen zu knüpfen. Diese Programme sind darauf ausgerichtet, die Jugendlichen zu engagierten und aktiven Mitgliedern der Gemeinschaft zu entwickeln.

Die Taufe ist ein bedeutender Schritt für Jugendliche, der ihre volle Integration in die Gemeinschaft markiert. Dieser Schritt wird sorgfältig vorbereitet, und die Jugendlichen erhalten eine umfassende religiöse Bildung, um sicherzustellen, dass sie die Bedeutung der Taufe verstehen und sich bewusst für das Leben als Zeuge Jehovas entscheiden. Nach der Taufe werden die

Jugendlichen ermutigt, aktiv an der Missionierung und anderen Gemeindetätigkeiten teilzunehmen.

Ein weiterer wichtiger Aspekt ist die Unterstützung und Förderung der Familien. Die Zeugen Jehovas betrachten die Familie als grundlegende Einheit der Gemeinschaft und legen großen Wert auf die Erziehung der Kinder im Glauben. Eltern werden ermutigt, ihre Kinder in religiösen Fragen zu unterrichten und sie zu regelmäßigen Versammlungen und Kongressen mitzunehmen. Die Organisation bietet umfangreiche Ressourcen und Materialien an, um Familien dabei zu unterstützen, ihre Kinder im Glauben zu erziehen.

Fazit:

Die internen Dynamiken und die Mitgliederstruktur der Zeugen Jehovas sind komplex und vielschichtig. Die Organisation legt großen Wert auf die Mitgliedergewinnung und -bindung, wobei systematische Missionierung und intensive Betreuung der Mitglieder zentrale Rollen spielen. Frauen und Jugendliche sind integrale Bestandteile der Gemeinschaft und tragen durch ihre Aktivitäten und ihr Engagement wesentlich zum Leben und Wachstum der Gemeinschaft bei. Diese dynamischen Strukturen und die Betonung auf Gemeinschaft und Unterstützung tragen dazu bei, dass die Zeugen Jehovas eine stabile und kohärente religiöse Gruppe bleiben, die ihre Mitglieder in allen Lebenslagen unterstützt und stärkt.

Aktuelle Entwicklungen

und Herausforderungen

Veränderungen und Anpassungen in der jüngeren Vergangenheit

In den letzten Jahrzehnten haben die Zeugen Jehovas zahlreiche Veränderungen und Anpassungen vorgenommen, um auf die sich wandelnden gesellschaftlichen und kulturellen Bedingungen zu reagieren. Eine der bemerkenswertesten Entwicklungen ist die Nutzung digitaler Medien und Technologien. Die Organisation hat erkannt, dass das Internet ein mächtiges Werkzeug zur Verbreitung ihrer Botschaften ist. Daher haben die Zeugen Jehovas ihre Online-Präsenz erheblich ausgebaut. Ihre offizielle Website, JW.org, bietet eine Vielzahl von Ressourcen, darunter Bibelstudienmaterial, Videos, Musik und Artikel, die in vielen verschiedenen Sprachen verfügbar sind. Diese Plattform ermöglicht es den Mitgliedern, ihre Glaubensinhalte bequem von zu Hause aus zu konsumieren und zu teilen.

Ein weiterer bedeutender Schritt war die Einführung von Online-Versammlungen und Kongressen, insbesondere während der COVID-19-Pandemie. Diese virtuellen Zusammenkünfte haben es den Zeugen Jehovas ermöglicht, ihre Gemeinschaftsaktivitäten fortzusetzen, auch wenn physische Treffen nicht möglich waren. Diese Anpassung hat gezeigt, wie flexibel und anpassungsfähig die Organisation ist, um ihre Mission auch unter schwierigen Bedingungen fortzusetzen.

In Bezug auf die Missionierungsarbeit haben die Zeugen Jehovas ebenfalls Anpassungen vorgenommen. Während die traditionelle Tür-zu-Tür-Missionierung nach wie vor eine zentrale Rolle spielt, haben sie ihre Ansätze diversifiziert, um neue Zielgruppen zu erreichen. Soziale Medien und andere Online-Plattformen werden zunehmend genutzt, um die Botschaft der Zeugen Jehovas zu verbreiten und potenzielle neue Mitglieder anzusprechen. Diese digitalen Bemühungen haben es ermöglicht, Menschen zu erreichen, die sonst vielleicht nie mit den Zeugen Jehovas in Kontakt gekommen wären.

Zukünftige Herausforderungen und Perspektiven

Trotz dieser positiven Entwicklungen stehen die Zeugen Jehovas vor einer Reihe von Herausforderungen, die ihre Zukunft maßgeblich beeinflussen könnten. Eine der größten Herausforderungen ist die zunehmende Säkularisierung in vielen Teilen der Welt. In Gesellschaften, die immer weniger religiös werden, wird es schwieriger, Menschen für den Glauben zu gewinnen. Die Zeugen Jehovas müssen daher innovative Wege finden, um ihre Botschaft relevant und ansprechend zu gestalten.

Eine weitere Herausforderung ist der wachsende Druck durch rechtliche und gesellschaftliche Auseinandersetzungen. In einigen Ländern sehen sich die Zeugen Jehovas mit rechtlichen Beschränkungen und Verboten konfrontiert, die ihre Missionierungsarbeit und Versammlungen erschweren. Diese rechtlichen Herausforderungen erfordern eine kontinuierliche Anpassung und Verteidigung ihrer religiösen Freiheiten. Die Organisation hat in der Vergangenheit erfolgreich für ihre Rechte gekämpft, aber die zukünftige Entwicklung bleibt ungewiss und könnte erhebliche Auswirkungen auf ihre globalen Aktivitäten haben.

Die interne Dynamik und der Umgang mit internen Spannungen stellen ebenfalls eine Herausforderung dar. Die Zeugen Jehovas sind eine stark zentralisierte Organisation, die von einer kleinen Führungselite geleitet wird. Diese Struktur hat sich als effektiv erwiesen, kann aber auch zu Spannungen und Unzufriedenheit führen, insbesondere wenn Mitglieder das Gefühl haben, dass ihre individuellen Bedürfnisse und Meinungen nicht ausreichend berücksichtigt werden. Die Organisation muss daher Wege finden, um die Balance zwischen zentraler Steuerung und individueller Autonomie zu wahren, um die Zufriedenheit und das Engagement ihrer Mitglieder zu gewährleisten.

Die Rolle der Frauen und die Gleichstellung der Geschlechter innerhalb der Organisation sind weitere Themen, die in der Zukunft an Bedeutung gewinnen könnten. Während Frauen in vielen Bereichen der Gemeinschaft aktiv sind, bleibt ihnen der Zugang zu Führungspositionen verwehrt. Angesichts der globalen Bewegung für Gleichberechtigung und soziale Gerechtigkeit könnte dieser Aspekt zu internen Diskussionen und möglichen Veränderungen führen.

Ein zentrales Thema für die Zukunft der Zeugen Jehovas ist die Bindung und Gewinnung junger Mitglieder. In einer zunehmend digitalisierten und säkularen Welt müssen die Zeugen Jehovas Wege finden, um junge Menschen anzusprechen und sie in die Gemeinschaft zu integrieren. Dies erfordert eine Anpassung der Methoden und Inhalte, um die Interessen und Bedürfnisse der jüngeren Generation zu berücksichtigen.

Fazit:

Die Zeugen Jehovas haben in der jüngeren Vergangenheit bemerkenswerte Anpassungen und Veränderungen vorgenommen, um auf die Herausforderungen einer sich wandelnden Welt zu reagieren. Ihre Fähigkeit, digitale Medien zu nutzen und ihre Missionierungsarbeit zu diversifizieren, zeigt ihre Flexibilität und Innovationskraft. Dennoch stehen sie vor bedeutenden Herausforderungen, die ihre Zukunft maßgeblich beeinflussen könnten. Die zunehmende Säkularisierung, rechtliche Auseinandersetzungen, interne Spannungen und die Gleichstellung der Geschlechter sind Themen, die die Organisation angehen muss, um ihre Relevanz und Attraktivität zu bewahren.

Die Zukunft der Zeugen Jehovas wird davon abhängen, wie erfolgreich sie diese Herausforderungen meistern und sich an die sich verändernden Bedingungen anpassen können. Ihre Geschichte zeigt, dass sie in der Lage sind, sich weiterzuentwickeln und zu wachsen, selbst unter schwierigen Umständen. Die kommenden Jahre werden entscheidend dafür sein, ob sie ihre Mission fortsetzen und ihre Gemeinschaft stärken können, um den Herausforderungen der modernen Welt zu begegnen.

Gesamtheit und Ausblick

Zusammenfassung der wichtigsten Erkenntnisse

Die Geschichte der Zeugen Jehovas ist geprägt von einem tief verwurzelten Glauben, unermüdlichem Engagement und einem bemerkenswerten Wandel. Von den bescheidenen Anfängen im späten 19. Jahrhundert, als Charles Taze Russell die Bibelstudentenbewegung gründete, bis zur weltweiten Organisation, die wir heute kennen, haben die Zeugen Jehovas eine bemerkenswerte Entwicklung durchlaufen.

Russell's Bibelstudentenbewegung begann mit dem Ziel, die biblische Wahrheit zu verbreiten und die bevorstehende Wiederkunft Christi zu verkünden. Diese Bewegung wurde durch die Gründung des Watch Tower Bible and Tract Society 1884 formalisiert und durch die Veröffentlichung der Zeitschrift ›Zion's Watch Tower‹ gestärkt. Diese Publikation spielte eine zentrale Rolle bei der Verbreitung der Lehren und der Gewinnung neuer Anhänger.

Unter der Führung von Joseph Franklin Rutherford erfuhr die Bewegung bedeutende Veränderungen. Die Umbenennung in Zeugen Jehovas 1931 markierte nicht nur eine neue Identität, sondern auch eine Neuausrichtung der Mission und Glaubenslehren. Rutherfords Führung stärkte die Organisation und bereitete sie auf zukünftige Herausforderungen vor.

Die Zeugen Jehovas standen stets im Mittelpunkt kontroverser Diskussionen und Kritik. Ihre strikte Haltung gegenüber politischen und militärischen Angelegenheiten, ihre Weigerung, Bluttransfusionen anzunehmen, und ihre missionarischen Praktiken führten zu Auseinandersetzungen und rechtlichen Herausforderungen. Dennoch haben sie unerschütterlich an ihren Überzeugungen festgehalten und in vielen Ländern rechtliche Anerkennung erlangt.

Die Struktur und Hierarchie der Organisation spielen eine entscheidende Rolle im täglichen Leben der Mitglieder. Die strenge Führung und die klaren Regeln bieten den Anhängern eine Orientierung, stellen aber auch Herausforderungen in Bezug auf Individualität und persönliche Freiheit dar. Die Rolle der Frauen und Jugendlichen in der Organisation bleibt ein sensibles Thema, das weiterhin Diskussionen und möglicherweise zukünftige Veränderungen erfordern wird.

Die Zeugen Jehovas haben sich in den letzten Jahrzehnten durch den Einsatz digitaler Medien und Technologien weiterentwickelt. Die Einführung von Online-Plattformen und virtuellen Versammlungen hat es ihnen ermöglicht, ihre Mission auch in Zeiten globaler Krisen wie der COVID-19-Pandemie fortzusetzen. Diese Anpassungsfähigkeit zeigt die Stärke und Flexibilität der Organisation.

Ausblick auf die Zukunft der Zeugen Jehovas

Die Zukunft der Zeugen Jehovas wird von ihrer Fähigkeit abhängen, sich an eine sich ständig verändernde Welt anzupassen. Die Herausforderungen sind vielfältig: zunehmende Säkularisierung, rechtliche Auseinandersetzungen, interne Spannungen und der Druck, moderne gesellschaftliche Werte zu berücksichtigen.

Eine der größten Herausforderungen wird die Gewinnung und Bindung junger Mitglieder sein. In einer digitalisierten und säkularen Welt müssen die Zeugen Jehovas innovative Wege finden, um die jüngere Generation anzusprechen und sie in ihre Gemeinschaft zu integrieren. Dies könnte eine Anpassung ihrer Methoden und Inhalte erfordern, um die Interessen und Bedürfnisse der Jugendlichen besser zu berücksichtigen.

Die rechtlichen Auseinandersetzungen, denen die Zeugen Jehovas in verschiedenen Ländern ausgesetzt sind, werden weiterhin eine wichtige Rolle spielen. Die Organisation muss sich darauf einstellen, ihre Rechte und Freiheiten kontinuierlich zu verteidigen. Dies erfordert eine strategische und rechtlich fundierte Vorgehensweise, um ihre Mission weltweit fortzusetzen.

Die interne Struktur und Hierarchie der Organisation könnten ebenfalls Gegenstand zukünftiger Anpassungen sein. Die Balance zwischen zentraler Steuerung und individueller Autonomie muss sorgfältig gewahrt werden, um die Zufriedenheit und das Engagement der Mitglieder zu gewährleisten. Dies könnte bedeuten, dass die Rolle von Frauen und Jugendlichen innerhalb der Organisation neu bewertet und möglicherweise gestärkt wird.

Die Nutzung digitaler Technologien und Medien wird weiterhin eine zentrale Rolle spielen. Die Zeugen Jehovas haben gezeigt, dass sie in der Lage sind, diese Werkzeuge effektiv zu nutzen, um ihre Botschaften zu verbreiten und ihre Gemeinschaft zu stärken. Die weitere Entwicklung und Nutzung dieser Technologien wird entscheidend dafür sein, wie erfolgreich sie ihre Mission in der Zukunft fortsetzen können.

Insgesamt haben die Zeugen Jehovas bewiesen, dass sie eine dynamische und anpassungsfähige Organisation sind, die in der Lage ist, auf Veränderungen zu reagieren und ihre Mission unter schwierigen Bedingungen fortzusetzen. Die kommenden Jahre werden entscheidend dafür sein, wie sie sich weiterentwickeln und die Herausforderungen der modernen Welt meistern. Ihre Geschichte zeigt, dass sie in der Lage sind, sich weiterzuentwickeln und zu wachsen, und es bleibt spannend zu beobachten, wie sie diese Tradition in die Zukunft tragen werden.

Fazit:

Dieses Buch hat versucht, einen umfassenden Einblick in die Geschichte, Struktur, Lehren und Herausforderungen der Zeugen Jehovas zu bieten. Es ist ein Zeugnis ihrer bemerkenswerten Reise von den Anfängen im späten 19. Jahrhundert bis zur heutigen globalen Präsenz. Unabhängig von der persönlichen Meinung des Lesers zu den Zeugen Jehovas bleibt ihre Geschichte ein faszinierendes Kapitel der religiösen und sozialen Entwicklung der modernen Welt.

Über den Autor

Lutz Spilker wurde im Jahre 1955 in Duisburg geboren.

Bevor er zum Schreiben von Romanen und Dokumentationen fand, verließen bisher unzählige Kurzgeschichten, Kolumnen und Versdichtungen seine Feder.

In seinen Büchern befasst er sich vorrangig mit dem menschlichen Bewusstsein und der damit verbundenen Wahrnehmung. Seine Grenzen sind nicht die, welche mit der Endlichkeit des Denkens, des Handelns und des Lebens begrenzt werden, sondern jene, die der empirischen Denkform noch nicht unterliegen.

Es sind die Möglichkeiten des Machbaren, die Dinge, welche sich allein in der Vorstellung eines jeden Menschen darstellen und aufgrund der Flüchtigkeit des Geistes unbewiesen bleiben. Die Erkenntnis besitzt ihre Gültigkeit lediglich bis zur Erlangung einer neuen und die passiert zu jeder weiteren Sekunde.

Die Welt von Lutz Spilker beginnt dort, wo zu Beginn allen Seins nichts Fassbares war, als leerer Raum. Kein Vorne, kein Hinten, kein Oben und kein Unten. Kein Glaube, kein Wissen, keine Moral, keine Gesetze und keine Grenzen. Nichts.

In Lutz Spilkers Romanen passieren heimtückische Morde ebenso wie die Zauber eines Märchens. Seine Bücher sind oftmals Thriller, Krimi, Abenteuer, Science Fiction, Fantasy und selbst Love-Story in einem.

»Ich liebe die Sprache: Sie vermag zu streicheln, zu liebkosen und zu Tränen zu rühren. Doch sie kann ebenso stachelig sein, wie der Dorn einer Rose und mit nur einem Hieb zerschmettern.«

In dieser Reihe sind bisher erschienen

Die Erfindung der Namen
Die Erfindung des Bewusstseins
Die Erfindung des freien Willens
Die Erfindung des Wahrsagens
Die Erfindung der Körpersprache
Die Erfindung des Schlafs
Die Erfindung der Sklaverei
Die Erfindung der Angst
Die Erfindung der Vernunft
Die Erfindung des Vollmonds
Die Erfindung des Vitamin B
Die Erfindung des Make-Up
Die Erfindung des Weihnachtsfestes
Die Erfindung des Ku-Klux-Klan
Die Erfindung des Träumens
Die Erfindung der Flaschenpost
Die Erfindung der Mafia
Die Erfindung der Freimaurer
Die Erfindung der Freibeuter
Die Erfindung der Raumfahrt
Die Erfindung der Tempelritter
Die Erfindung des ADHS-Syndroms
Die Erfindung der Homöopathie
Die Erfindung der Freizeitparks
Die Erfindung des Werwolfs
Die Erfindung des Astralkörpers
Die Erfindung des Zölibats
Die Erfindung des Herkules
Die Erfindung des Vampirs
Die Erfindung der Philosophie
Die Erfindung des Bieres
Die Erfindung des Ungeheuers von Loch Ness
Die Erfindung der Prä-Astronautik
Die Erfindung des Voodoo
Die Erfindung des Stierkampfs
Die Erfindung des Sinns des Lebens
Die Erfindung des Einhorns
Die Erfindung der Zeugen Jehovas

Zeitfracht Medien GmbH
Ferdinand-Jühlke-Straße 7
99095 Erfurt, Deutschland
produktsicherheit@kolibri360.de